W0308939

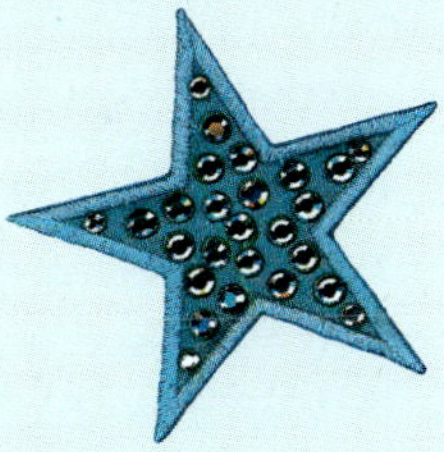

Janne Graf

Tolle Socken stricken

Schnelle und einfache Ideen in moderner Vielfalt

OZ creativ

Janne Graf *ist als Autorin und Handarbeitsredakteurin bei OZ creativ tätig. Für dieses Buch hat sie besonders pfiffige Mode für Bein und Fuß entwickelt*

VORWORT

Liebe Leserinnen, liebe Leser,

kurz, knackig, komfortabel – so müssen modische Socken sein!

Der neue, verkürzte Schaft ist gar kein Problem, einfach ein paar Runden weniger stricken. Knackig – das sind die neuen Farben und Farbkombinationen, die effektvollen Garne, die witzigen Ideen rund um den Fuß auf jeden Fall. Komfortabel – da haben wir uns etwas Neues ausgedacht: Die Stufenferse. Sie ist genauso schnell und leicht gestrickt wie ihr Vorläufer, die Ferse mit Käppchen, ist aber runder und schmiegt sich dadurch viel besser an den Fuß, der an dieser Stelle auch keinen rechten Winkel hat.

Last not least: Die Spitze. Die stricken wir mit verteilten Abnahmen, denn das ist einfach haltbarer, bequemer und sieht richtig gut aus! Wie das geht, erklären wir Schritt für Schritt in Wort und Bild in unserem Grundkurs ab Seite 42, und die Größentabelle auf Seite 45 zeigt für alle Größen im Überblick, wie viele Maschen, Runden und Reihen gestrickt werden. So können auch Anfänger am Nadelspiel gleich loslegen! Alle Modelle sind nämlich sehr effektvoll, dabei aber gar nicht schwer zu stricken.

Also, machen Sie sich auf die Socken und stricken Sie mit!

Viel Spaß dabei wünscht

Janne Graf

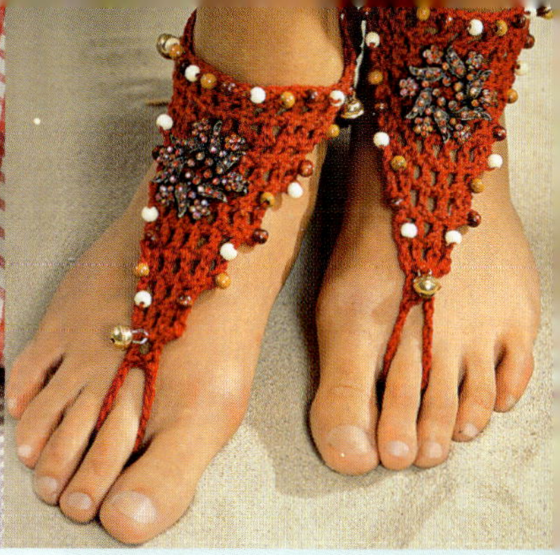

INHALT

Alle Modelle sind mit dem Grundkurs und den exakten Anleitungen auch ohne große Strickerfahrung nachzuarbeiten. Die Rauten bedeuten:

- ✦ = *superschnell & superleicht*
- ✦✦ = *einfach, mit strickleichtem Muster oder extra Detail*
- ✦✦✦ = *etwas aufwändiger, bitte ganz genau der Anleitung folgen*

Schneller Schmuck: Strass-Applikation zum Aufbügeln

Glitzer-Look

Schnell gestrickt, sehr plakativ und mit Erfolgsgarantie: Strasssteinchen und funkelnde Bügelapplikationen sind der Blickfang bei diesen zweifarbigen Rollrandsocken.

Rollrandsocken mit Strass
Größe
20–42
Schwierigkeitsgrad
◆

Gelb-grüne Rollrandsocken

MATERIAL

- „Freizeit" von Junghans-Wollversand (75 % Schurwolle, 25 % Polyamid, Lauflänge ca. 210 m/50 g): je ca. 50 g Gelb 269-621 und Apfelgrün 269-829
- 2 Blütenapplikationen in Apfelgrün mit Strass
- 36 Strasssteine zum Aufnähen
- Nadelspiel Nr. 2–2,5

Maschenprobe glatt rechts: 30 Maschen und 42 Reihen = 10 x 10 cm.
Maschen-, Reihen- und Rundenzahlen für die passende Größe bitte der Größentabelle auf Seite 45 entnehmen.

SO WIRD ES GEMACHT

1. Maschen in Grün anschlagen und für den Rollrand 20 Runden glatt rechts (in Runden stets rechte Maschen) stricken, dann 7 cm glatt rechts in Gelb stricken.
2. Die Ferse laut Grundkurs arbeiten.
3. Den Fuß glatt rechts in Gelb stricken und mit der Sternchenspitze in Grün laut Grundkurs nach der gewünschten Fußlänge beginnen.
4. Die Applikation jeweils außen auf den Schaft bügeln. Zum Schluss den Rollrand nicht ganz bis zum Ende des grünen Streifens rollen, ihn mit wenigen Stichen fixieren und die Strasssteine etwas darunter gleichmäßig verteilt aufnähen.

Türkis-blaue Rollrandsocken

MATERIAL

- „Freizeit" von Junghans-Wollversand (75 % Schurwolle, 25 % Polyamid, Lauflänge ca. 210 m/50 g): je ca. 50 g Türkis 269-811 und Tinte 269-605
- 2 Sternapplikationen in Türkis mit Strass
- 36 Strasssteine zum Aufnähen
- Nadelspiel Nr. 2–2,5

Maschenprobe glatt rechts: 30 Maschen und 42 Reihen = 10 x 10 cm.
Maschen-, Reihen- und Rundenzahlen für die passende Größe bitte der Größentabelle auf Seite 45 entnehmen.

SO WIRD ES GEMACHT

Wie die gelb-grünen Rollrandsocken stricken, jedoch die Strasssteine gleichmäßig verteilt auf den Rollrand nähen und ihn dabei fixieren.

Das schöne, extra softe Fransen-Effektgarn ist Ton-in-Ton coloriert

Ringelsocken mit Flauschkante

Größe
20–47

Schwierigkeitsgrad
◆

Crazy Puschelkante

Das Material macht's! Das bedruckte Sockengarn lässt das Ringel-Jacquardmuster ganz von allein entstehen, der kuschelige Flauschrand wird aus einem passend colorierten Felleffektgarn gestrickt.

Blaue Ringelsocken

MATERIAL

- „Freizeit Color" von Junghans-Wollversand (75 % Schurwolle, 25 % Polyamid, Lauflänge ca. 210 m/50 g): ca. 50 g Jeans 270-116
- „Candy Color" von Junghans-Wollversand (100 % Polyester, Lauflänge ca. 100 m/50 g): ca. 50 g Jeans 201-657
- Nadelspiel Nr. 2,0-2,5

Maschenprobe glatt rechts in „Freizeit Color": 30 Maschen und 42 Reihen = 10 x 10 cm.
Maschen-, Reihen- und Rundenzahlen für die passende Größe bitte der Größentabelle auf Seite 45 entnehmen.

SO WIRD ES GEMACHT

1. 36 Maschen (für Größe 38/39, pro Größe je 2 Maschen mehr bzw. weniger) in „Candy Color" anschlagen und für die Flauschkante 3 cm kraus rechts (in Runden abwechselnd 1 Runde rechts, 1 Runde links) stricken.
2. Dann weiter glatt rechts (in Runden nur rechte Maschen) in „Freizeit Color" arbeiten. Da dieses Garn nun eine andere Maschenprobe hat als das Flauschgarn, müssen in der 1. Runde gleichmäßig verteilt so viele Maschen zugenommen werden, bis die Maschenzahl für die gewünschte Größe laut Größentabelle erreicht ist. Das Garn erzeugt Streifen mit dazwischenliegenden schmalen Ringeln.
3. Am schönsten wirkt es, wenn Sie mit der Ferse nach einem dieser schmalen Ringel beginnen – Schafthöhe ca. 4 cm. Die Ferse laut Grundkurs arbeiten.
4. Den Fuß glatt rechts stricken und mit der Sternchenspitze laut Grundkurs nach der gewünschten Fußlänge beginnen.

Rot-graue Ringelsocken

MATERIAL

- „Freizeit Color" von Junghans-Wollversand (75 % Schurwolle, 25 % Polyamid, Lauflänge ca. 210 m/50 g): ca. 50 g Rot 270-140
- „Candy Color" von Junghans-Wollversand (100 % Polyester, Lauflänge ca. 100 m/50 g): ca. 50 g Granit 201-699
- Nadelspiel Nr. 2–2,5

Maschenprobe glatt rechts in „Freizeit Color": 30 Maschen und 42 Reihen = 10 x 10 cm.
Maschen-, Reihen- und Rundenzahlen für die passende Größe bitte der Größentabelle auf Seite 45 entnehmen.

SO WIRD ES GEMACHT

Wie die blauen Ringelsocken mit Flauschkante stricken.

Erst ganz zum Schluss wird der Bund mit Zipfel und Schlaufe angestrickt

Kurzsocken mit Zipfel

Größe

20–47

Schwierigkeitsgrad

◆◆

Diese Zipfel sind der Hit

Starke Farben im Kontrast und ein witziges Fersendetail geben diesen Kurzsocken einen sportiven Touch. Das abwechslungsreich melierte Garn hebt sich besonders schön von den harmonisch abgestimmten Unis ab.

Türkis-blaue Kurzsocken

MATERIAL

- „Regia 4-fädig" von Schachenmayr (75 % Schurwolle, 25 % Polyamid, Lauflänge ca. 210 m/50 g): je ca. 50 g Royal-Türkis-Mouliné 1040, Royal 540, Türkis 1255, Superweiß 2080
- Nadelspiel Nr. 2,0–2,5
- Nadelspiel mit kurzen Nadeln (Fingerhandschuh-Nadelspiel)

Maschenprobe glatt rechts: 30 Maschen und 42 Reihen = 10 x 10 cm.
Maschen-, Reihen- und Rundenzahlen für die passende Größe bitte der Größentabelle auf Seite 45 entnehmen.

SO WIRD ES GEMACHT

1. Maschen in Royal-Türkis-Mouliné anschlagen und 1 cm glatt rechts (in Runden stets rechte Maschen) stricken.
2. Dann die Ferse in Royal laut Grundkurs arbeiten.
3. Anschließend den Fuß glatt rechts in Mouliné stricken und mit der Sternchenspitze in Türkis laut Grundkurs nach der passenden Fußlänge beginnen.
4. Aus der oberen Kante in Weiß die Maschen auffassen und in Runden 2 cm im Bundmuster (2 Maschen rechts, 2 Maschen links im Wechsel) stricken.
5. Alle Maschen bis auf die 18 Maschen in der hinteren Mitte abketten. Über diese Maschen kraus rechts (nur rechte Maschen) in Reihen stricken, dabei am Anfang jeder Reihe die 1. Masche abheben und die 2. und 3. Masche rechts zusammenstricken.
6. Sind nur noch 4 Maschen übrig, diese mit 2 Nadelspielnadeln rundstricken. Dazu nach jeder Reihe alle Maschen ans andere Ende der Nadel schieben und immer von rechts nach links rechte Maschen stricken. 24 „Runden" auf diese Weise stricken, dann alle Maschen zusammenziehen. Zur Schlaufe legen und an den Zipfel nähen.

Gelb-rote Kurzsocken

MATERIAL

- „Regia 4-fädig" von Schachenmayr (75 % Schurwolle, 25 % Polyamid, Lauflänge ca. 210 m/50 g): je ca. 50 g Clown-Mouliné 1034, Jaffa 1259, Gelb 2041 und Himbeer 1258
- Nadelspiel Nr. 2–2,5
- Nadelspiel mit kurzen Nadeln (Fingerhandschuh-Nadelspiel)

Maschenprobe glatt rechts: 30 Maschen und 42 Reihen = 10 x 10 cm.
Maschen-, Reihen- und Rundenzahlen für die passende Größe bitte der Größentabelle auf Seite 45 entnehmen.

SO WIRD ES GEMACHT

Wie die türkis-blauen Kurzsocken mit Zipfel stricken, jedoch die Ferse in Himbeer, die Sternchenspitze in Jaffa und den Bund (= 5.) mit Zipfelschlaufe (= 6.) in Gelb stricken, alles Übrige mit Clown-Mouliné.

Bei der Variante in Grüntönen sitzt der Schlitz seitlich am Schaft

Geschnürte Socken

Größe
20–47
Schwierigkeitsgrad
◆◆

Hübsch verschnürt

Hier wird der Schaft in Reihen gestrickt und der so entstandene Schlitz mit Ösen und Band geschlossen. Geht ganz schnell und einfach und gibt den Streifencolor-Socken modischen Pep!

Seitlich geschnürte Socken

MATERIAL

- „Regia 6-fädig Color" von Schachenmayr (75 % Schurwolle, 25 % Polyamid, Lauflänge ca. 125 m/50 g): ca. 150 g Crazy Dschungel 5264
- Nadelspiel Nr. 3
- Häkelnadel Nr. 3
- 16 schwarze Ösen, 4 mm Ø
- Werkzeugset zum Anbringen der Ösen
- 2 naturfarbene Lederriemen, 1 mm breit

Maschenprobe glatt rechts: 22 Maschen und 30 Reihen = 10 x 10 cm.
Maschen-, Reihen- und Rundenzahlen für die passende Größe bitte der Größentabelle auf Seite 45 entnehmen.

SO WIRD ES GEMACHT

1. Maschen anschlagen und in Hin- und Rückreihen 6 Reihen kraus rechts (nur rechte Maschen) stricken.
2. Dann für den Schaft 30 Reihen glatt rechts (Hinreihe rechts, Rückreihe links) arbeiten.
3. Die Ferse laut Grundkurs über die 1. Hälfte der Maschen stricken. Beim zweiten Socken gegengleich arbeiten, d. h. die Ferse über die 2. Hälfte der Maschen stricken.
4. Nach der Ferse die Maschen zur Runde schließen, Zwickelabnahmen und Fuß wie im Grundkurs beschrieben glatt rechts (in Runden stets rechte Maschen) stricken.
5. Die Sternchenspitze laut Grundkurs nach der passenden Fußlänge beginnen.
6. Die Schlitzkanten mit einer Reihe fester Maschen umhäkeln.
7. Mit dem Werkzeugset in gleichmäßigen Abständen auf jeder Seite des Schlitzes vier Ösen einschlagen und das Lederband einziehen. Oben verknoten oder zur Schleife binden.

Mittig geschnürte Socken

MATERIAL

- „Regia 4-fädig Nation Colors" von Schachenmayr (75 % Schurwolle, 25 % Polyamid, Lauflänge ca. 210 m/50 g): ca. 100 g Nation Fun Color 5399
- Nadelspiel Nr. 2,5
- 12 schwarze Ösen, 4 mm Ø
- Werkzeugset zum Anbringen der Ösen
- ca. 220 cm schwarzes Veloursband, 3 mm breit

Maschenprobe glatt rechts: 30 Maschen und 42 Reihen = 10 x 10 cm.
Maschen-, Reihen- und Rundenzahlen für die passende Größe bitte der Größentabelle auf Seite 45 entnehmen.

SO WIRD ES GEMACHT

1. Vor dem Anschlag den Faden bis zum ersten vollständigen Farbrapport abwickeln.
2. Maschen anschlagen und in Hin- und Rückreihen 6 Reihen kraus rechts (nur rechte Maschen) stricken.
3. Dann für den Schaft die ersten drei Farbabschnitte glatt rechts in Reihen (Hinreihe rechts, Rückreihe links) arbeiten.
4. Die Ferse laut Grundkurs über die mittleren Maschen stricken, dabei jede Stufe und das Stück bis zum Fußbeginn in einer anderen Farbe stricken, d. h. den Faden gegebenenfalls bis zum nächsten Farbwechsel abwickeln und das entsprechende Stück herausschneiden.
5. Nach der Ferse mit der nächsten Farbe die Maschen zur Runde schließen und glatt rechts (stets rechte Maschen) wie im Grundkurs beschrieben weiterarbeiten.
6. Die Sternchenspitze laut Grundkurs nach der passenden Fußlänge beginnen.
7. Mit dem Werkzeugset in gleichmäßigen Abständen auf jeder Seite des Schlitzes drei Ösen einschlagen und das Veloursband einziehen. Entweder lang überstehen lassen und am Bein schnüren und knoten oder passend einkürzen und knoten oder zur Schleife binden.

Masche für Masche, Runde für Runde wird laut Zählmuster das „Leopardenfell" gestrickt

Socken mit Leopardenmuster

Größe

20–47

Schwierigkeitsgrad

◆◆◆

Wildkatzen-Look

Das Leopardenmuster wird mit drei Farben in Jacquardtechnik gestrickt. Doch schon nach 22 Runden ist es fertig und der restliche Socken ist im Rippenmuster ruck, zuck genadelt!

MATERIAL

- „Meilenweit" von Lana Grossa (80 % Schurwolle, 20 % Polyamid, Lauflänge ca. 210m/ 50 g): ca. 100 g Camel 1290, je ca. 50 g Hellorange 1315 und Braun 1291
- Nadelspiel Nr. 3

Maschenprobe im Grundmuster: 30 Maschen und 42 Reihen = 10 x 10 cm.
Maschen-, Reihen- und Rundenzahlen für die passende Größe bitte der Größentabelle auf Seite 45 entnehmen. Allerdings muss für das Leopardenmuster die Maschenzahl durch 15 teilbar sein, daher für Größe 20–29 den Umschlag mit 45 Maschen stricken, für Größe 30–47 mit 60 Maschen und die Maschenzahl in der ersten Runde des Rippenmusters durch entsprechende Zu- bzw. Abnahmen anpassen.

SO WIRD ES GEMACHT

1. Für den Umschlag die Maschen in Braun anschlagen und 5 Runden kraus rechts (in Runden abwechselnd 1 Runde rechts, 1 Runde links) stricken, dann 1 Runde glatt rechts (in Runden stets rechts stricken) in Hellorange. Danach 22 Runden laut Zählmuster glatt rechts in Norwegertechnik mit mehreren Knäueln arbeiten, dabei die unbenutzten Fäden stets locker auf der Rückseite mitführen.

Zählmuster

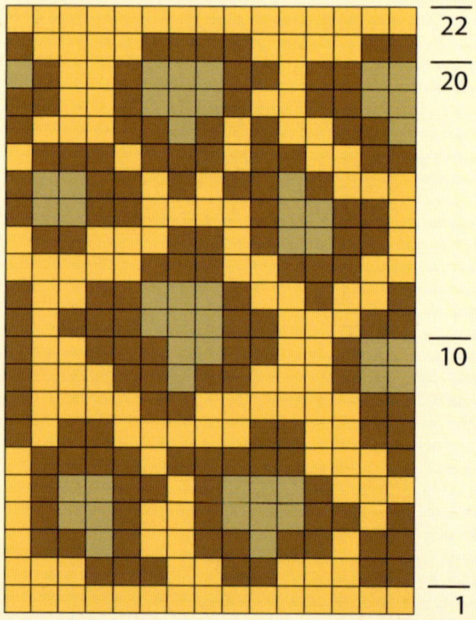

Jetzt 1 Runde glatt rechts in Hellorange, 3 Runden glatt rechts in Braun, 1 Runde linke Maschen in Braun (= Bruch) und 4 Runden Rippenmuster (1 Masche rechts, 1 Masche links im Wechsel) in Braun stricken.

2. Dann die Arbeit umstülpen, so dass die linke Seite außen ist, und in Camel zunächst 4 cm im Rippenmuster stricken, dann weiter im Grundmuster (3 Maschen rechts, 1 Masche links im Wechsel) in Camel noch 10 cm arbeiten.

3. Die Ferse laut Grundkurs stricken.

4. Beim Fuß das Grundmuster nur über die 2. und 3. Nadel fortsetzen, die Maschen der 1. und 4. Nadel glatt rechts stricken.

5. Die Sternchenspitze glatt rechts laut Grundkurs nach der gewünschten Fußlänge beginnen.

6. Den Jacquardrand jeweils an der linken Runde nach außen umschlagen.

HINWEIS

Wer war Jacquard?
Mit dem Begriff hat sich ein französischer Seidenweber aus dem 18. Jahrhundert verewigt. Er entwickelte den Webstuhl, auf dem Muster möglich wurden, die den Einstrickmustern ähneln. Aus der Weberei übertrug sich die Bezeichnung auf das Stricken. Heute fasst man damit die zwei- oder mehrfarbigen, glatt rechts gearbeiteten Muster zusammen, bei denen in einer Reihe bzw. Runde mit verschiedenen Farben gestrickt wird. Die jeweils nicht benötigten Fäden laufen auf der Arbeitsrückseite locker mit. Diese so genannten Spannfäden dürfen jedoch nie unter Spannung stehen, sonst wird das Gestrick unelastisch und das Muster kann sich verziehen.

Zeichenerklärung:

1 Kästchen = 1 Masche und 1 Runde

- ▢ = Hellorange
- ▢ = Braun
- ▢ = Camel

Für das Futter und den Umschlag wird Color-Garn eingesetzt, das die Ringel mitbringt

Türkische Slipper

Größe

38/39

Schwierigkeitsgrad

◆◆◆

Pascha-Puschen

Multikulti zum Selbermachen: Der spitze Häkelschuh erinnert ein wenig an südländische Pantoffeln, das gestrickte Innenfutter hält auch bei nordeuropäischen Temperaturen wollig warm!

MATERIAL

- „Multicot" von Lana Grossa (60 % Baumwolle, 40 % Microfaser, Lauflänge ca. 80m/ 50 g): ca. 100 g Natur 002
- „Meilenweit 6-fach Multi-Jacquard (80 % Schurwolle, 20 % Polyamid, Lauflänge ca. 120 m/50 g): ca.100 g Pink-Orange-Grau 707
- Häkelnadel Nr. 3
- Nadelspiel Nr. 4
- Nähnadel und Faden

Maschenprobe im Häkelmuster in „Multicot": 17 Maschen und 15 Reihen = 10 x 10 cm. Glatt rechts in „Meilenweit": 22 Maschen und 30 Reihen = 10 x 10 cm.

SO WIRD ES GEMACHT

1. Der **Schuh** wird an der Spitze begonnen und mit festen Maschen gehäkelt. Dabei in Hinreihen nur das hintere Maschenglied, in Rückreihen nur das vordere Maschenglied erfassen; in Runden jeweils nur das hintere Maschenglied erfassen.
Zunächst in Runden häkeln, dabei jede Runde mit einer Kettmasche schließen und mit einer Luftmasche, als Ersatz für die 1. Masche beginnen. 3 Luftmaschen in „Multicot" anschlagen und mit einer Kettmasche zum Ring schließen. 1. Runde: 6 feste Maschen in den Ring häkeln. 2. und 3. Runde: In jede 2. Masche 2 feste Masche häkeln (Maschenzahl 9 bzw. 13 Maschen). 4., 6., 8., 9., 11., 12., 14., 15. und 17.–25. Runde: ohne Zunahmen. 5., 7. und 13. Runde: In jede 3. Masche 2 feste Maschen häkeln (Maschenzahl = 17 bzw. 22 bzw. 36 Maschen). 10. und 16. Runde: In jede 4. Masche 2 feste Maschen häkeln (Maschenzahl = 27 bzw. 45 Maschen).

2. Nach der 25. Runde in Reihen arbeiten, dafür 27 Maschen häkeln, dann wenden. Jede Reihe mit einer Luftmasche beginnen. 26.–35. Reihe: ohne Zunahme. 36.–38. und 40. Reihe: Jeweils in die erste und letzte Masche 2 feste Maschen häkeln (Maschenzahl 29 bzw. 31 bzw. 33 bzw. 35). Nach 42 Reihen enden.

3. Die hintere Naht schließen.

4. Für das **Futter** 24 Maschen in „Meilenweit" anschlagen, 3 Reihen kraus rechts (nur rechte Maschen stricken), dann 12 Reihen glatt rechts (Hinreihen rechts, Rückrei-hen links) stricken, Maschen stilllegen. Dies ergibt später den Umschlag.

5. Nun 24 Maschen in „Meilenweit" anschlagen und 32 Reihen glatt rechts stricken. Dies ergibt später die Sohle.

6. Beide Teile zur Runde zusammenfassen. 15 Runden glatt rechts (in Runden nur rechte Maschen) stricken.

7. Danach die Sternchenspitze laut Grundkurs arbeiten. Das Teil umdrehen, so dass die linke Seite außen ist.

8. Die hintere Naht schließen und das Innenfutter in den Schuh stecken. Den Umschlag dabei nach außen legen und entlang der äußeren sowie der Umschlagkante festnähen.

9. Das Futter an der Ferse Naht auf Naht legen und festnähen. Die Seitenkanten zusammenheften.

10. Zum Schluss die Seitenkante mit einer Reihe fester Maschen in „Multicot" umhäkeln. Den zweiten Schuh genauso häkeln.

TIPP

Wenn Sie Größe 36/37 oder 40/41 arbeiten möchten, einfach den Schuh und das Innenfutter um ca. 1 cm verkürzen bzw. verlängern, die Spitze passt von Größe 36–42.

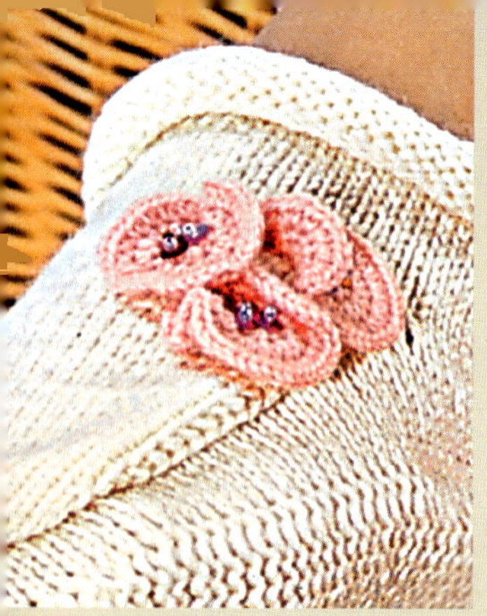

Blütenzauber leicht gemacht: Häkelkreise mit Paillettenschmuck bilden die Blumen

Bettschühchen

Wie Babyschuhe sind diese kuscheligen Fußwärmer geschnitten. 20 Prozent Seide im Garn machen sie unwiderstehlich weich und schmusewarm, rosa Häkelblüten mit Pailletten schmücken sie außerdem.

Bettschuhe mit Blüten

Größe
38–40

Schwierigkeitsgrad
◆◆◆

MATERIAL

- „Regia silk" von Schachenmayr (55 % Schurwolle, 25 % Polyamid, 20 % Seide, Lauflänge ca. 200 m/50 g): ca. 150 g Natur meliert 02, ein Rest Rosa 035
- 18 Pailletten aus Paillettenmix
- 18 Rocailles, Flieder, 2,5 mm Ø
- Nadelspiel Nr. 2,5
- Häkelnadel Nr. 2,5

Maschenprobe glatt rechts mit doppeltem Faden: 22 Maschen und 34 Reihen = 10 x 10 cm.

SO WIRD ES GEMACHT

1. Die Bettschuhe werden mit doppeltem Faden in Natur meliert gestrickt. Für die Sohle 12 Maschen anschlagen und in Hin- und Rückreihen kraus rechts (nur rechte Maschen) stricken. Zu Beginn in jeder 2. Reihe 6 x beidseitig 1 Masche zunehmen (= 24 Maschen).
2. Nach 72 Reihen ab Anschlag in jeder 2. Reihe 6 x beidseitig 1 Masche abnehmen, bis nur noch 12 Maschen auf dieser 1. Spielstricknadel sind. Aus den Randmaschen am linken Seitenrand mit der 2. Spielstricknadel 42 Maschen aufnehmen. Dann die 12 Anschlagmaschen mit der dritten Nadel auffassen und mit der 4. Nadel weitere 42 Maschen aus den Randmaschen des rechten Seitenrands aufnehmen. Nun über alle Maschen 9 Runden glatt rechts (in Runden nur rechte Maschen) stricken.
3. Nun für den oberen Fußteil nur über die 12 Maschen der 1. Nadel wieder in Reihen glatt rechts (Hinreihen rechts, Rückreihen links) stricken, dabei in den ersten 12 Reihen jeweils am Ende der Reihe eine Masche der seitlichen Maschen dazunehmen. Nach dem Wenden stets die 1. Masche der Reihe abheben. Wenn 24 Maschen auf der Nadel sind, weiter in Reihen stricken, dabei jeweils die letzte Masche mit der nächsten seitlichen Masche rechts bzw. links zusammenstricken.
4. Sobald nur noch 14 seitliche Maschen übrig sind, in Runden weiterarbeiten. 25 Runden für den Schaft glatt rechts stricken, dann alle Maschen locker abketten.
5. Für ein Häkelblümchen 6 Luftmaschen anschlagen und mit einer Kettmasche zur Runde schließen. In diesen Luftmaschenkreis 12 halbe Stäbchen häkeln, die Runde mit einer Kettmasche beenden. Für das erste halbe Stäbchen der nächsten Runde 2 Luftmaschen arbeiten, dann in jedes Stäbchen der Vorrunde 2 halbe Stäbchen häkeln (= 24 Stäbchen). Wieder die Runde mit einer Kettmasche schließen und die dritte und letzte Runde genauso arbeiten (= 48 Stäbchen).
6. Pro Schuh 3 Blüten häkeln, in die Blütenmitte je 3 Pailletten mit jeweils einer Rocaille setzen und diese auf die Blüten und an den Schuh nähen.

TIPP

Wenn Sie Größe 36/37 bzw. 40/41 arbeiten möchten, einfach die Sohle sowie den oberen Fußteil um 4 Reihen verkürzen bzw. verlängern. Für noch größere bzw. kleinere Größen müssen Sohle und Schaft zusätzlich in der Breite angepasst werden, d. h. es müssen entsprechend mehr oder weniger Maschen angeschlagen und der Schaft muss über eine größere bzw. kleinere Maschenzahl gearbeitet werden.

Einfach zu stricken, aber sehr dekorativ: die Mausezahnblende

Romantische Verführung

Ein strickleichtes Lochmüsterchen, Mausezähnchen am Bund und liebenswert nostalgische Borten zum Aufnähen sind die Zutaten für diese niedlichen Sommersöckchen.

Söckchen mit Borte

Größe
20–47

Schwierigkeitsgrad
◆◆

MATERIAL

- „Feinstrumpf" von Fischer Wollversand (75 % Schurwolle, 25 % Polyamid, Lauflänge ca. 205 m/50 g): ca. 100 g Weiß 2817
- pro Paar ca. 60 cm Multicolor-Borte oder Samtband mit Häkelborte, pink
- Nadelspiel Nr. 2,5

Maschenprobe im Lochmuster: 30 Maschen und 42 Reihen = 10 x 10 cm.

Maschen-, Reihen- und Rundenzahlen für die passende Größe bitte der Größentabelle auf Seite 45 entnehmen.

SO WIRD ES GEMACHT

1. Die passende Maschenzahl laut Größentabelle anschlagen und das Blendenmuster stricken: 8 Runden glatt rechts (in Runden nur rechte Maschen), 1 Runde Mausezähnchen (= 2 Maschen rechts zusammenstricken und 1 Umschlag im Wechsel), 8 Runden glatt rechts.
2. Danach so viele Maschen zu- bzw. abnehmen, dass die Maschenzahl durch 9 teilbar ist. Nun über 40 Runden das Lochmuster laut Strickschrift stricken. Den Mustersatz fortlaufend wiederholen. In den geraden Runden die Maschen und Umschläge rechts stricken. Die 1.–16. Runde stets wiederholen. In der letzten (40.) Reihe auf der 1. und 4. Nadel verteilt so viele Maschen abnehmen, dass die Maschenzahl der Fersenbreite, die jeweils in der Größentabelle angegeben ist, entspricht.
3. Die Ferse laut Grundkurs arbeiten.
4. Beim Fuß das Lochmuster nur über die 2. und 3. Nadel fortsetzen und hier nur so viele Masche im Muster stricken, dass sich ganze Mustersätze ergeben, die restlichen Maschen und auch die Maschen der 1. und 4. Nadel glatt rechts stricken.
5. Die Sternchenspitze glatt rechts laut Grundkurs nach der gewünschten Fußlänge beginnen, dabei in der ersten Runde der Spitze die Maschenzahl der 2. und 3. Nadel der Maschenzahl der 1. und 4. Nadel anpassen. Ergibt dies eine ungerade Maschenzahl, gleichzeitig die Vorrunde arbeiten, d. h. die letzten beiden Maschen jeder Nadel rechts zusammenstricken. Dann die Sternchenspitze entsprechend der Grundanleitung stricken.
6. Blenden zur Hälfte nach innen säumen.
7. Die Borte unterhalb der Blende in drei versäuberten Teilstücken aufnähen. Die Lücken zwischen den einzelnen Bortenstücken sind wichtig, damit sich die Socken problemlos anziehen lassen.

HINWEIS

Mausezähnchen
Eine dekorative Bundlösung sind Mausezähnchen. Durch eine einfache Lochreihe entsteht eine Bruchkante, an der sich die Blende später leicht nach innen klappen lässt. Die typische, an Zähnchen erinnernde Zackenkante entsteht dabei ganz von allein. Die Mausezähnchen-Blende wird immer zur Hälfte nach innen gesäumt. Dabei lässt sich auch leicht ein Gummiband mitfassen, das gerade etwas längere Söckchen rutschfest macht.

Strickschrift

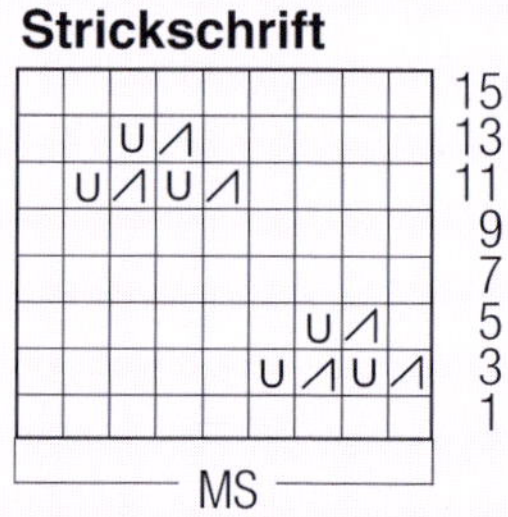

Zeichenerklärung:
☐ = 1 Masche rechts
U = 1 Umschlag
◿ = 2 Maschen rechts zusammenstricken

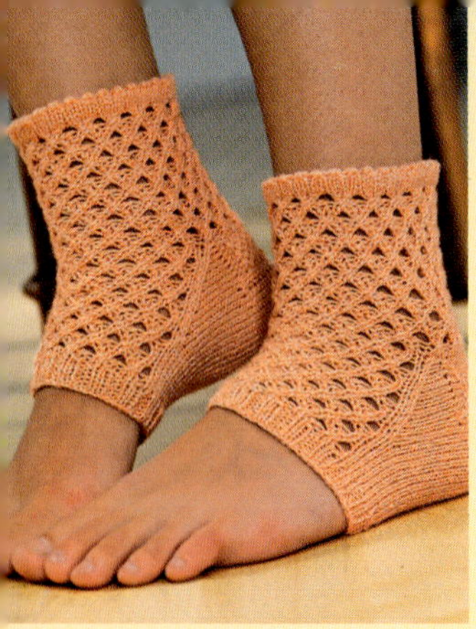

Das angenehm leichte Baumwollgarn gibt es in vielen Farbtönen

Ballerina-söckchen

Größe

36–40

Schwierigkeitsgrad

◆◆

Zehenfreiheit

Sommerlicher Hingucker für Ballerinas und alle Schuhe, die viel Luft an die Zehen lassen. Das kühle Baumwollgarn sorgt für ein angenehmes Klima, auch bei hohen Temperaturen.

Ballerina-Söckchen in Papaya

MATERIAL

- „Regia Cotton" von Schachenmayr (41 % Schurwolle, 34 % Baumwolle, 25 % Polyamid, Lauflänge ca. 200 m/50 g): ca. 50 g Papaya meliert 126
- Nadelspiel Nr. 2–2,5

Maschenprobe glatt rechts: 30 Maschen und 42 Reihen = 10 x 10 cm.

SO WIRD ES GEMACHT

1. 60 Maschen anschlagen und das Blendenmuster stricken: 5 Runden glatt rechts (in Runden nur rechte Maschen), 1 Runde Mäusezähnchen (= 2 Maschen rechts zusammenstricken, 1 Umschlag im Wechsel), 5 Runden glatt rechts.
2. Im Flechtmuster weiterarbeiten. Laut Strickschrift stricken. Mit den Maschen vor dem Mustersatz beginnen, dann den Mustersatz stets wiederholen und mit den Maschen nach dem Mustersatz enden. Die 1.–8. Runde fortlaufend wiederholen. In der dritten Runde gibt es eine Besonderheit. Hier wird die letzte Masche der zweiten Runde bereits als erste der dritten Runde gestrickt, damit die Verkreuzung möglich ist.
3. Nach 32 Runden ab Blende mit der Ferse laut Grundkurs beginnen.
4. Nach der Ferse die mittleren 28 Maschen der 2. und 3. Nadel im Flechtmuster, die restlichen Maschen glatt rechts weiterstricken. In dieser Einteilung 32 Runden arbeiten.
5. Dann 5 Runden im Rippenmuster (2 Maschen rechts, 2 Maschen links im Wechsel) arbeiten, in der 6. Runde die Maschen locker abketten, dabei das Rippenmuster stricken.
6. Die Blende zur Hälfte nach innen säumen.

Ballerina-Söckchen in Tricolor

MATERIAL

- „Regia Cotton" von Schachenmayr (41 % Schurwolle, 34 % Baumwolle, 25 % Polyamid, Lauflänge ca. 200 m/50 g): ca. 50 g in Gelb-Orange-Lila-Color Bonbon Surf 5412
- Nadelspiel Nr. 2–2,5

Maschenprobe glatt rechts: 30 Maschen und 42 Reihen = 10 x 10 cm.

SO WIRD ES GEMACHT

Von **1.** bis **6.** wie die Ballerina-Söckchen in Papaya stricken.

TIPP

Für weitere Größen den Maschenanschlag bitte der Größentabelle auf Seite 45 entnehmen. Die Maschenzahl muss durch 4 teilbar sein. Zuerst das Blendenmuster, dann das Flechtmuster über 16 Runden für Größe 20–26, über 24 Runden bei Größe 27–32 oder über 40 Runden bei Größe 41–47 arbeiten, dabei in der letzten Runde auf der 1. und 4. Nadel verteilt so viele Maschen ab- bzw. zunehmen, dass die Maschenzahl der Fersenbreite laut Größentabelle entspricht. Die Ferse laut Grundkurs arbeiten. Nach der Ferse das Flechtmuster nur über die 2. und 3. Nadel fortsetzen und hier nur so viele Maschen im Muster stricken, dass sich ganze Mustersätze ergeben, die restlichen Maschen und auch die Maschen der 1. und 4. Nadel glatt rechts stricken. Nach der gewünschten Fußlänge (anprobieren!) wie unter 5. beschrieben im Rippenmuster beenden.

Strickschrift

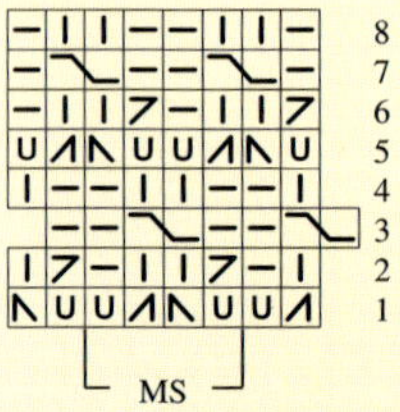

Zeichenerklärung:

MS = Mustersatz

- [I] = 1 Masche rechts
- [–] = 1 Masche links
- [7] = 1 Masche links verschränkt
- [U] = 1 Umschlag
- [⩘] = 2 Maschen rechts zusammenstricken
- [⩗] = 1 einfacher Überzug: 1 Masche rechts abheben, 1 Masche rechts, die abgehobene Masche überziehen
- [⌐] = die 2. hinter der 1. Masche rechts verschränkt stricken, die 1. Masche rechts

34

Schön weich, witzig und wuschelig: Die Kante aus Franseneffektgarn!

Flip-Flop-Socken

Größe

34–42

Schwierigkeitsgrad

◆

Sexy Fußbikinis

Diese Minis sind super schnell gestrickt und sehen zu allen Flip-Flops klasse aus! Doch sie schmücken nicht nur, sondern schützen auch zehenriemengeplagte Füße vor Stress; also: modischer Gag mit praktischem Nutzen!

Flip-Flop-Söckchen in Blau-Rot-Gelb-Grün

MATERIAL

- „Regia Stretch Color" von Schachenmayr (70 % Schurwolle, 23 % Polyamid, 7 % Polyester, Lauflänge ca. 200 m/50 g): ca. 50 g in Blau-Rot-Gelb-Grün-Color Crazy Groove 119
- „Brazilia" von Schachenmayr (100 % Polyester, Lauflänge ca. 90 m/50 g): ein Rest Mimose 22
- Nadelspiel Nr. 2,5

Maschenprobe glatt rechts: 30 Maschen und 42 Reihen = 10 x 10 cm.

SO WIRD ES GEMACHT

1. Rechter Socken: 40 Maschen in „Brazilia" anschlagen, zur Runde schließen und 5 Runden im Rippenmuster (1 Masche rechts, eine Masche links im Wechsel) stricken.

2. Nun weiter glatt rechts (in Runden nur rechte Maschen) in „Regia Stretch Color", dabei aus jeder 2. Masche eine Masche rechts verschränkt herausstricken = 60 Maschen.

3. Nach 19 Runden für die große Zehe die letzten 10 Maschen der dritten Nadel und die ersten 10 Maschen der 4. Nadel stilllegen.

4. Über die restlichen 40 Maschen weiterstricken, dabei in der 1. Runde für den Steg zwischen der großen Zehe und den restlichen Zehen 4 Maschen neu anschlagen = 44 Maschen und gleichzeitig ab jetzt wie folgt abnehmen: Die vorletzte und drittletzte Masche der 1. Nadel rechts zusammenstricken, dann 2 Maschen rechts stricken und danach die 2. Masche der 2. Nadel wie zum Rechtsstricken abheben, die folgende Masche rechts stricken und die abgehobene Masche überziehen.

5. Weitere 5 Runden glatt rechts stricken, dabei diese Abnahmen in der 2. und 4. Runde wiederholen. Danach alle Maschen locker abketten, dabei links stricken.

6. Nun für die große Zehe zu den stillgelegten 20 Maschen noch 4 Maschen aus dem Steg auffassen und 6 Runden glatt rechts stricken. Alle Maschen abketten, dabei links stricken.

7. Linker Socken: Gegengleich stricken, d. h. für die große Zehe die Maschen am Ende der 1. Nadel und am Beginn der 2. Nadel stilllegen. Die Abnahmen an der Fußaußenkante am Ende der 3. Nadel bzw. am Beginn der 4. Nadel arbeiten.

Flip-Flop-Söckchen in Orange-Grün-Pink

MATERIAL

- „Regia Stretch Color" von Schachenmayr (70 % Schurwolle, 23 % Polyamid, 7 % Polyester, Lauflänge ca. 200 m/50 g): ca. 50 g Orange-Apfel-Türkis-Pink-Color Crazy Electra 115
- „Brazilia" von Schachenmayr (100 % Polyester, Lauflänge ca. 90 m/50 g): ein Rest Papaya 28
- Nadelspiel Nr. 2,5

Maschenprobe glatt rechts: 30 Maschen und 42 Reihen = 10 x 10 cm.

SO WIRD ES GEMACHT

Wie die Flip-Flop-Söckchen in Blau-Rot-Gelb-Grün stricken.

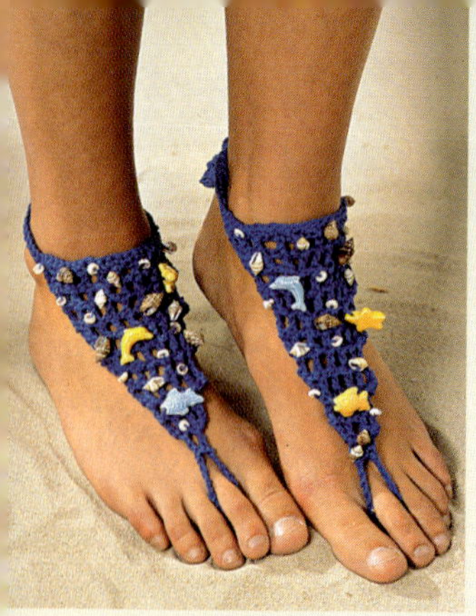

Echte Muscheln und Keramik-Meerestiere schmücken das Häkeldreieck in Knallblau

Strandvergnügen

In kurzer Zeit gehäkelt, nach Lust und Laune verziert und unkompliziert zu tragen: Das Gittermusterdreieck mit fantasievoller Deko macht nackte Füße einfach schön!

Fußschmuck

Größe

34–42

Schwierigkeitsgrad

◆◆

Fußschmuck mit Meerestieren

MATERIAL

- „Catania" von Schachenmayr (100 % Baumwolle, Lauflänge ca. 125 m/50 g): ca. 50 g Kornblume 123
- 6 Meerestiere, Keramik, gelb und blau, ca. 2 cm Ø
- 8 echte Muscheln, braun, 12 x 5 mm
- 12 echte Muscheln, beige, 12 x 5 mm
- 18 Scheiben aus echter Muschel, 3 x 5 mm
- Häkelnadel Nr. 3

SO WIRD ES GEMACHT

1. 23 Luftmaschen anschlagen und laut Häkelschrift die 1.–12. Reihe häkeln, mit 16 Luftmaschen und einer Kettmasche in die erste Masche der Vorrunde enden.

2. Den Faden an einer unteren Ecke des Häkeldreiecks anschlingen und für das Befestigungsband 50 Luftmaschen anschlagen. Über diese Luftmaschen eine Reihe fester Maschen häkeln, weiter über die untere Seite des Häkeldreiecks eine Reihe fester Maschen häkeln und an der anderen Ecke des Häkeldreiecks angekommen, für das 2. Befestigungsband ebenso viele Luftmaschen anschlagen. Abschließend auch diese Luftmaschenkette mit einer Reihe fester Maschen behäkeln und mit 1 Kettmasche an das Dreieck anschlingen. Fäden vernähen.

3. Die Muscheln, Muschelscheiben und Keramik-Meerestierchen auf dem Gitterdreieck verteilt aufnähen.

Zeichenerklärung:

- • = 1 Luftmasche
- ⌒ = 1 Kettmasche
- † = 1 Stäbchen

Fußschmuck mit Glöckchen

MATERIAL

- „Catania" von Schachenmayr (100 % Baumwolle, Lauflänge ca. 125 m/50 g): ca. 50 g Weinrot 192
- 2 Broschen
- 6 goldene Metallglöckchen, 9 mm Ø
- Holzperlenmix, braun, 6 mm Ø
- Häkelnadel Nr. 3

SO WIRD ES GEMACHT

1. und 2. Wie beim Fußschmuck mit Meerestieren häkeln.

3. An jede Ecke des Häkeldreiecks ein Glöckchen annähen und entlang der Kanten Holzperlen fixieren.

4. Die Brosche mittig befestigen.

Häkelschrift

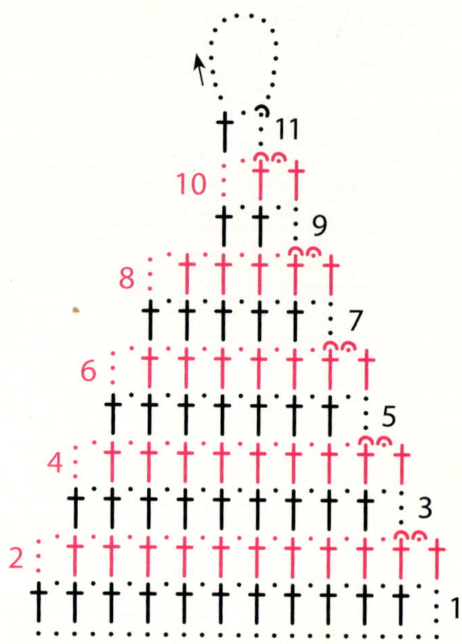

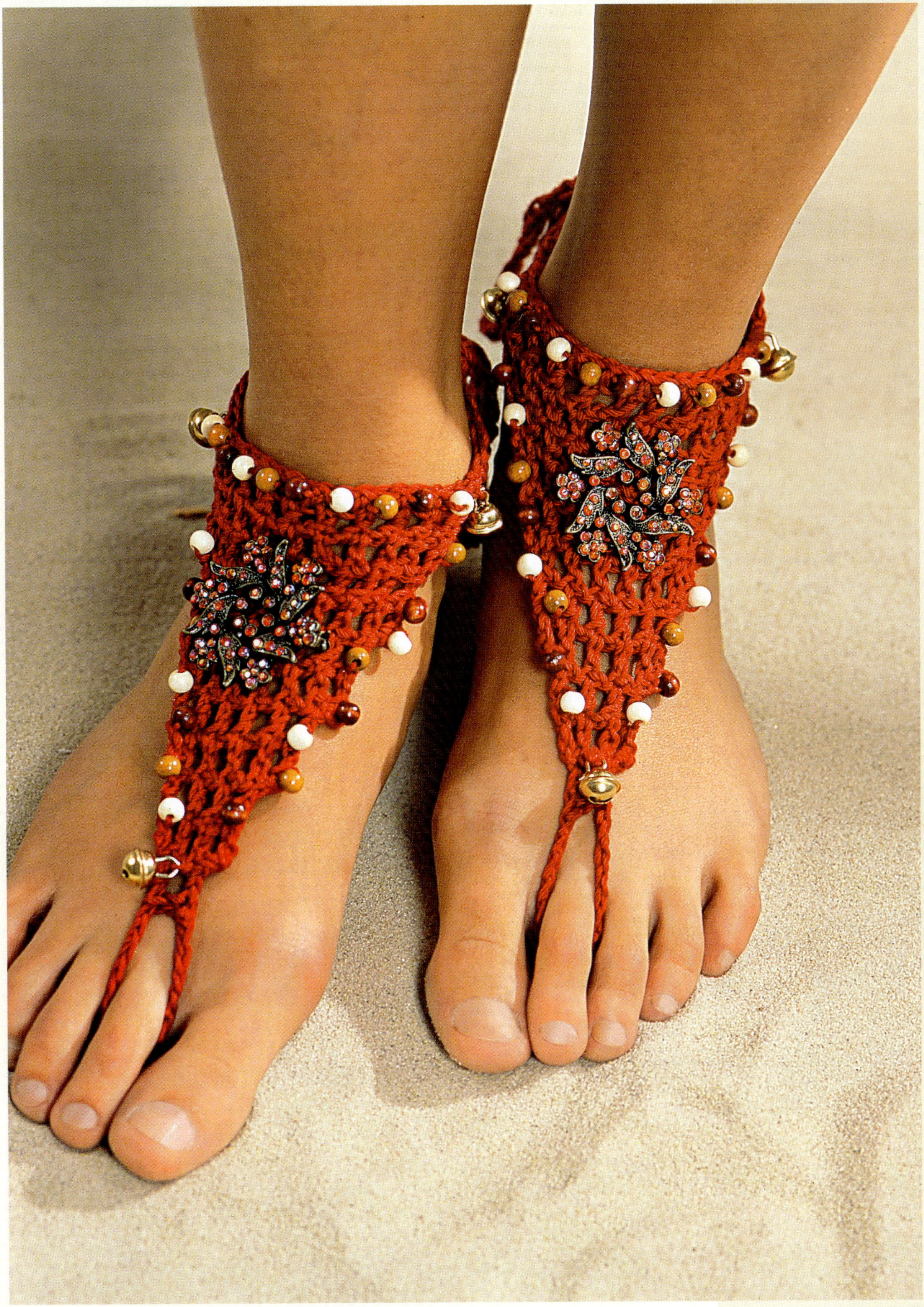

Beim Wickeln nicht zu sparsam sein, dann wird der Pompon schön voll und kugelrund!

Socken mit Pompon

Größe

20–47

Schwierigkeitsgrad

◆

Pompon mit Esprit

Sportlich kurz, mit doppeltem Rollrand, Spitze und Ferse im Kontrast und einem witzigen Pompon als Blickfang – diese Söckchen sind nicht zu übersehen. Und wirklich schnell und einfach gestrickt!

MATERIAL

- „Jawoll" von Lang Yarns (75 % Schurwolle, 18 % Polyamid, 7 % Acryl, Lauflänge ca. 210m/ 50 g): je ca. 50 g Rot 60 und Orange 259
- „Bébé Color" von Lang (100 % Schurwolle, Lauflänge ca. 203 m/50g): ein Rest Gelb-Orange-Rot-Color 59
- 2 Nadelspiele Nr. 2

Maschenprobe glatt rechts: 30 Maschen und 42 Reihen = 10 x 10 cm.
Maschen-, Reihen- und Rundenzahlen für die passende Größe bitte der Größentabelle auf Seite 45 entnehmen.

SO WIRD ES GEMACHT

1. Maschen in Rot anschlagen und für den ersten Rollrand 20 Runden glatt rechts (in Runden nur rechte Maschen) stricken, dann die Maschen stilllegen.
2. Den 2. Rollrand in Orange ebenso arbeiten, über den ersten Rollrand schieben und je 1 Masche beider Nadelspiele in Rot rechts zusammenstricken. Weiter glatt rechts in Rot noch 15 Runden stricken.
3. Dann die Ferse in Orange laut Grundkurs arbeiten, den Fuß glatt rechts in Rot stricken.
4. Mit der Sternchenspitze in Orange laut Grundkurs nach der passenden Fußlänge beginnen.
5. Aus „Bébé Color" 2 Pompons von je ca. 5,5 cm Durchmesser wie im Lehrgang beschrieben arbeiten und jeweils hinten an der Ferse unterhalb des doppelten Rollrands festnähen.

TIPP

Im Fachhandel gibt es Pompon-Sets mit vorgefertigten Ringen aus Plastik. Damit ist die Bommel-Herstellung noch einfacher.

Pompon

1. Aus fester Pappe 2 Kreise von 5,5 cm Durchmesser mit einem mittigen Loch von ca. 2,5 cm Durchmesser zuschneiden und aufeinander legen. Garn mit einer Wollnadel durch die Mitte führen und so den Ring rundum locker und dicht umwickeln.
2. Mit einer Schere die Umwicklung am Rand zwischen den beiden Pappringen aufschneiden und die Ringe nicht mehr als einen Zentimeter weit auseinander ziehen.
3. Mit einem doppelten Faden zwischen den Pappringen den Pompon fest abbinden und die Fäden gut verknoten. Mit diesen Fäden kann der Pompon an die Socke genäht werden.

1

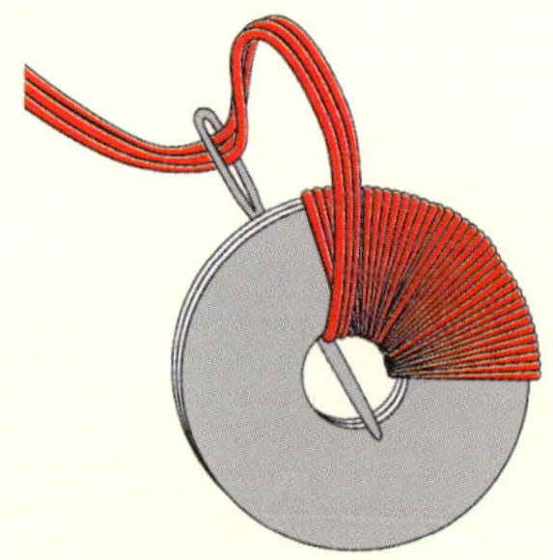

2

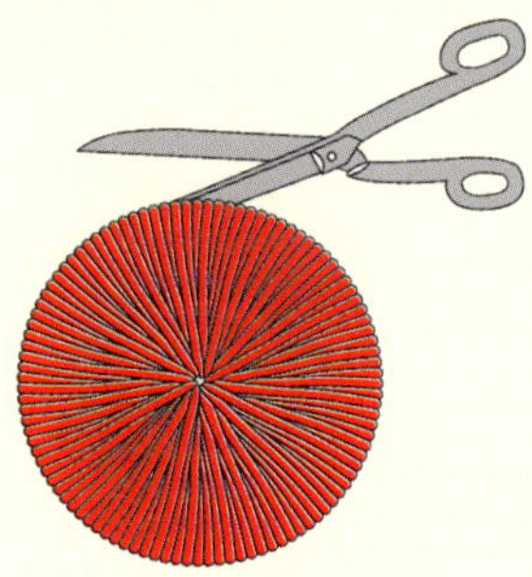

3

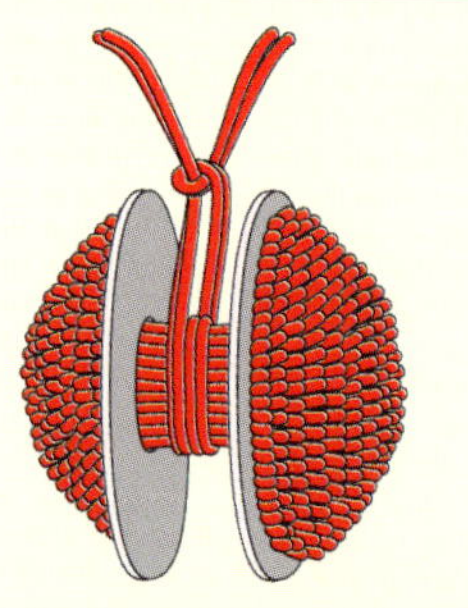

Die eingezogene Luftmaschenkette wirkt durch Farb- und Materialeffekte besonders attraktiv

Socken mit Luftmaschenkette

Größe
20–47

Schwierigkeitsgrad
◆◆

Geschickt eingefädelt

Eine Luftmaschenkette aus Fransengarn wird zum Schluss in die strickleichten Lochmusterstreifen, die sich diagonal über die Socken ziehen, eingezogen. Das Garn ist High-Tech: trocken, warm und atmungsaktiv, dank beigemischter Polycolon-Faser.

MATERIAL

- „Fortissima Socka mit Polycolon" von Schoeller + Stahl (60 % Schurwolle, 40 % Polypropylen, Lauflänge ca. 195 m/50 g): ca. 100 g Mango 1404
- „Lana Mix" von Schoeller + Stahl (70 % Polyester, 15 % Schurwolle, 15 % Polyacryl, Lauflänge ca. 60 m/50 g): ca. 50 g Orange meliert 09
- Nadelspiel Nr. 2,5
- Häkelnadel Nr. 3

Maschenprobe: 28 Maschen und 40 Reihen = 10 x 10 cm.
Maschen-, Reihen- und Rundenzahlen für die passende Größe bitte der Größentabelle auf Seite 45 entnehmen. Allerdings muss für dieses Muster die Maschenzahl durch 5 teilbar sein.

SO WIRD ES GEMACHT

1. Anschlag in „Fortissima Socka mit Polycolon" und 2 cm Bundmuster (2 Maschen rechts, 1 Masche links im Wechsel) stricken.
2. Für den Schaft 14 cm Grundmuster wie folgt arbeiten. 1. Runde: *4 Maschen rechts, 1 Umschlag, 1 überzogene Abnahme (= 1 Masche abheben, 1 Masche rechts stricken, die abgehobene Masche überziehen). Ab * fortlaufend wiederholen. 2. Runde: Maschen und Umschläge rechts stricken. 3. Runde: Die 1. Masche der 1. Nadel rechts stricken und auf die 4. Nadel zurückheben. Dann wie in der ersten Runde weiterstricken: 4 Maschen rechts, 1 Umschlag, 1 überzogene Abnahme im Wechsel. Die 2. und 3. Runde stets wiederholen.
3. Die Ferse laut Grundkurs stricken.
4. Beim Fuß das Grundmuster nur über die 2. und 3. Nadel fortsetzen, die Maschen der 1. und 4. Nadel glatt rechts stricken.
5. Die Sternchenspitze glatt rechts laut Grundkurs nach der gewünschten Fußlänge beginnen.
6. Pro Socke eine etwa 3 m lange Luftmaschenkette aus „Lana Mix" häkeln und diese in die Lochreihen einziehen.

TIPP

Das richtige Material
Sockengarn ist anders als andere Garne – und das aus gutem Grund! Denn die Wolle am Fuß muss gleichzeitig extrem strapazierfähig und haltbar, aber auch angenehm weich und anschmiegsam sein. Das Geheimnis: Schurwolle plus Polyamid, und das in der richtigen Mischung. Dabei ist das Naturprodukt Schurwolle für Wärme, Weichheit und Wellness zuständig, die High-Tech-Faser Polyamid sorgt für Stärke und Stabilität.
Und dann haben sich die Spinnereien noch einige Besonderheiten einfallen lassen. Zum Beispiel Baumwoll-Beimischungen für den kühlen Griff und sommerliche Leichtigkeit. Oder eine extrasofte Variante mit Seide für Luxusfüße. Funktionsfasern wie Polycolon übertragen die positiven Trageeigenschaften, die wir von moderner Sportbekleidung kennen, auf den Fuß. Polyester-Anteile sorgen für extra Elastizität bei den Stretch-Qualitäten.

Farbharmonie und Materialkontrast machen das Maschenbild interessant

Lila Schmusesocken

Genau das richtige Paar für einen Wellness-Tag daheim! Die harmonische Streifenfolge in Lavendelnuancen bringt das extraweiche, extradicke Material mit. Ein fantasievolles Fransengarn mit soften Knubbeln setzt kuschelige Akzente.

Streifencolorsocken

Größe
20–47

Schwierigkeitsgrad
◆◆

MATERIAL

- „Fortissima Socka mit Polycolon 6-fach color" von Schoeller + Stahl (60 % Schurwolle, 40 % Polypropylen, Lauflänge ca. 390 m/150 g): ca. 150 g Lavendel 365
- „Ruby" von ONline (100 % Polyamid, Lauflänge ca. 85 m/50 g): ca. 50 g Lila 06
- Nadelspiel Nr. 3

Maschenprobe glatt rechts: 22 Maschen und 30 Reihen = 10 x 10 cm.
Maschen-, Reihen- und Rundenzahlen für die passende Größe bitte der Größentabelle auf Seite 45 entnehmen.

SO WIRD ES GEMACHT

1. Die Maschen in „Ruby" anschlagen und 6 Runden glatt rechts (in Runden nur rechte Maschen) stricken. Die Maschenzahl muss für das nachfolgende Rippenmuster durch 4 teilbar sein.
2. Dann weiter im Rippenmuster (1. Runde: *1 Masche links, 1 Masche rechts, 1 Masche abheben, 1 Masche rechts, ab * stets wiederholen; 2. Runde: * 1 Masche links, 3 Masche rechts, ab * stets wiederholen; die 1. und 2. Runde fortlaufend wiederholen) in „Fortissima Socka" bis zum 1. Farbwechsel im Garn stricken. Der erste Farbwechsel erfolgt nach ca. 12 Runden bei Größe 38/39. Wenn der Streifen bei kleineren Größen wesentlich mehr Runden umfasst, jeweils etwas Garn abwickeln und bis zum nächsten Farbwechsel rausschneiden.
3. Danach 3 Runden glatt rechts in „Ruby", dann wieder ca. 12 Runden bis zum nächsten Farbwechsel in „Fortissima Socka" im Rippenmuster, 3 Runden glatt rechts in „Ruby" und ein letztes Mal ca. 12 Runden bis zum Farbwechsel in „Fortissima Socka" im Rippenmuster stricken.
4. Die Ferse laut Grundkurs stricken.
5. Beim Fuß das Grundmuster nur über die 2. und 3. Nadel fortsetzen, die Maschen der 1. und 4. Nadel glatt rechts stricken.
6. Die Sternchenspitze glatt rechts laut Grundkurs nach der gewünschten Fußlänge beginnen.

TIPP

Farbenfreude
Hier kommt der Farbeffekt aus dem Knäuel! Das Garn ist so eingefärbt, dass der Farbverlauf ganz von allein entsteht, ohne lästigen Fadenwechsel beim Stricken. Das aktuelle Angebot an Sockengarnen bietet vielfältige Farb- und Materialeffekte:
Bei den ***Moulinés*** *ist das Garn aus Fäden in unterschiedlichen Nuancen oder Farbtönen zusammengedreht.*
Melierte Garne *sind aus 4 bzw. 6 gleichartigen Fäden verzwirnt, die jeweils im gleichen Farbton aber unregelmäßig – mal etwas heller, mal etwas dunkler – eingefärbt sind.*
Bei ***Colorgarnen*** *wechselt die Farbe des Fadens. Je nachdem in welchem Rhythmus unterschiedliche Farben aufgedruckt oder eingefärbt sind, entstehen beim Stricken Farbverläufe, Streifen, schmale Ringel und sogar Flächen, die aussehen als hätte man mit mehreren Farben ein kompliziertes Muster eingestrickt.*
Tweedgarne *sind unregelmäßig in der Struktur. Kleine Verdickungen oder Noppen, Ton-in-Ton oder im Kontrast zur Grundfarbe, lassen beim Stricken das typische, lebhafte Maschenbild entstehen.*
Unigarne *sind einheitlich in einer Farbe eingefärbt. Es gibt sie in einer nie gekannten Vielfalt in allen Standardtönen und zusätzlich im saisonalen Wechsel in den jeweils aktuellen Trendfarben.*

Jeder für sich verpackt: Fünf Zehen in ebenso vielen Farben!

Zehensocken

Größe
32–35
und 36–39

Schwierigkeitsgrad
◆◆◆

Zum Zehenwackeln

Fröhliche Ringel, ein kuscheliger Flauschrand und 10-mal Einzelzimmer für die Zehen – diese Socken haben viel zu bieten. Achtung! Jeder Fuß ist anders, daher beim Zehenstricken evtl. die Längen individuell anpassen.

MATERIAL

- „Fortissima Socka" von Schoeller + Stahl (75 % Schurwolle, 25 % Polyamid, Lauflänge ca. 210 m/50 g): je ca. 50 g Kirsch 1003, Navy 1015, Veilchen 1014, Fuchsie 1012 und Brillantweiß 1024
- „La Ola" von Schoeller + Stahl (100 % Polyester, Lauflänge ca. 90 m/50 g): ein Rest Weiß 1
- Nadelspiel Nr. 3 und 4

Maschenprobe glatt rechts in „Fortissima Socka": 30 Maschen und 42 Reihen = 10 x 10 cm.

SO WIRD ES GEMACHT

Die Angaben für Größe 36–39 stehen in Klammern. Ist nur eine Angabe gemacht, so gilt sie für beide Größen. Die Mustererklärungen stehen ebenfalls in Klammern hinter dem jeweiligen Muster.

1. Rechte Socke: Anschlag 28 (30) Maschen mit „La Ola" und Nadeln Nr. 4 = 1. und 3. Nadel je 7 Maschen, 2. und 4. Nadel je 7 (8) Maschen. Für den Flauschrand 3 cm glatt rechts (in Runden nur rechte Maschen) stricken.

2. Dann weiter glatt rechts mit „Fortissima Socka" in der Streifenfolge (* je 2 Runden Fuchsie, Veilchen, Kirsch, Weiß und Navy, ab * stets wiederholen) mit Nadeln Nr. 3, dabei in der 1. Runde alle Maschen verdoppeln = 56 (60) Maschen = 14 (15) Maschen pro Nadel.

3. Nach 26 (30) Runden ab Flauschrand mit der Stufenferse in Navy laut Grundkurs beginnen.

4. Nach der Ferse die Streifenfolge fortsetzen und für Größe 32/33 nach 16 cm, für Größe 34/35 nach 17 cm, für die Größe 36/37 nach 18 cm, für Größe 38/39 nach 19 cm mit den einzelnen Zehen beginnen. Die 2. und 3. Nadel bilden die Oberseite, die 1. und 4. Nadel die Unterseite.

5. Für den **kleinen Zeh** in Weiß je 5 Maschen der Ober- und Unterseite = letzte 5 Maschen der 1. Nadel und erste 5 Maschen der 2. Nadel in Arbeit nehmen, dazwischen für den Steg 3 Maschen neu anschlagen = 13 Maschen. Diese Maschen auf 3 Nadeln verteilen und glatt rechts stricken. Nach 12 (13) Runden fortlaufend je 2 Maschen zusammenstricken und die restlichen Maschen mit dem Faden zusammenziehen.

6. Für den **zweiten Zeh** in Navy die nächsten 5 (6) Maschen der Oberseite in Arbeit nehmen, für den Steg 3 Maschen neu anschlagen, die nächsten 5 Maschen der Unterseite in Arbeit nehmen und aus dem Steg zum vorhergehenden Zeh 3 Maschen auffassen = 16 (17) Maschen. Wie den kleinen Zeh arbeiten und nach 14 (16) Runden beenden, indem auch hier stets 2 Maschen zusammengestrickt werden.

7. Für den **dritten Zeh** in Kirsch 5 Maschen der Oberseite und 5 (6) Maschen der Unterseite nehmen, ansonsten wie den 2. Zeh arbeiten, aber erst nach 16 (18) Runden beenden.

8. Den **vierten Zeh** in Veilchen wie den 2. Zeh arbeiten, jedoch erst nach 17 (19) Runden beenden.

9. Für den **großen Zeh** in Fuchsie die restlichen 16 (17) Maschen in Arbeit nehmen und 4 Maschen aus dem Steg auffassen = 20 (21) Maschen. Nach 19 (21) Runden den Zeh beenden.

10. Die **linke Socke** gegengleich arbeiten, d. h. die 1. und 4. Nadel bilden die Oberseite, die 2. und 3. die Unterseite.

11. Den Flauschrand nach außen schlagen und evtl. unsichtbar in der vorderen und hinteren Mitte mit ein paar Stichen fixieren.

Die Häkelblümchenstiele unterschiedlich lang ins Muster fädeln!

Patentmustersocken

Größe

20–47

Schwierigkeitsgrad

◆◆

Rosarot & kuschelweich

Das simple Patentmuster gibt viel Volumen und macht diese Schmusesocken schön dick und weich. Schneller Schmuck: Häkelblümchen mit ins Muster gefädelten Blütenstielen.

MATERIAL

- „Jawoll" von Lang Yarns (75 % Schurwolle, 18 % Polyamid, 7 % Acryl, Lauflänge ca. 210 m/50 g): ca. 100 g Rosa 109, je ein Rest Pink 184, Lila 146 und Violett 190
- Nadelspiel Nr. 2,5 und 3
- Häkelnadel Nr. 3

Maschenprobe im Halbpatent: 30 Maschen und 30 Reihen = 10 x 10 cm.
Maschen-, Reihen- und Rundenzahlen für die passende Größe bitte der Größentabelle für 4-fädiges Garn auf Seite 45 entnehmen.

SO WIRD ES GEMACHT

1. Anschlag mit Nadelspiel Nr. 2,5 in Pink und für den Rollrand 3 cm glatt rechts (in Runden stets rechte Maschen) stricken.
2. Dann in Rosa mit Nadelspiel Nr. 3 im Halbpatent 7 cm wie folgt arbeiten: 1. Runde: im Wechsel 1 Masche rechts, 1 Masche mit Umschlag links abheben; 2. Runde: im Wechsel 1 Masche rechts, die folgende Masche mit dem Umschlag links zusammenstricken.
3. Nun die Stufenferse laut Grundkurs komplett verstärkt stricken.
4. Die Zwickelabnahmen abweichend vom Grundkurs auf diese Weise stricken: In jeder 4. Runde auf der 1. Nadel die letzten drei Masche links zusammenstricken und gleichzeitig auf der 4. Nadel die 1. Masche abheben, die folgenden 2 Maschen rechts zusammenstricken und die abgehobene Masche darüberziehen. Je nach Maschenzahl kann es sein, dass die letzte Masche der 1. Nadel eine rechte ist, dann die letzten 3 Maschen rechts zusammenstricken. Beginnt die Nadel mit einer linken Masche, dann werden die ersten 3 Maschen links zusammengestrickt. Diese Abnahmen so oft wiederholen bis alle Zwickelmaschen aufgebraucht und auf allen Nadeln wieder gleich viele Maschen vorhanden sind.
5. Nach der gewünschten Fußlänge die Sternchenspitze im Halbpatentmuster stricken; nach einer Abnahme das Muster sinngemäß über die übrigen Maschen fortsetzen und in den folgenden Runden diese Masche jeweils rechts stricken.
6. Für jede Socke je 2 Häkelblümchen in Pink, Violett und Lila anfertigen. Für eine Blüte 4 Luftmaschen mit einer Kettmasche zum Ring schließen. * 5 Luftmaschen und 1 feste Masche in den Ring häkeln. Ab * noch 4 x wiederholen. Den Anfangs- und Schlussfaden bei jedem Blümchen lang hängen lassen.
7. Je 3 Häkelblümchen in verschiedenen Farben jeweils außen und innen in unterschiedlicher Höhe auf dem Schaft befestigen. Dazu den langen Anfangs- und Schlussfaden zusammen in eine Halbpatentreihe einziehen und den restlichen Faden unsichtbar vernähen. Jedes Blümchen zusätzlich mit einem Stich am Socken fixieren.

TIPP

Bei volumigen Mustern wie Halbpatent sehen die Socken besser aus, wenn sich das Muster auch in der Spitze fortsetzt. Damit es trotz Abnahmen weiterläuft, ist ein wenig Schummeln notwendig: Denn das Muster geht über je 2 Maschen, es wird bei der Sternchenspitze aber verteilt je 1 Masche abgenommen. Strickt man in den darauf folgenden Reihen einfach im Muster weiter, verschiebt es sich und sieht nicht mehr gut aus. Daher: Die Masche über den Abnahmen jeweils rechts stricken, das Muster davor und danach wie in den Vorreihen arbeiten. Bei der nächsten Abnahme gleicht sich das zwar wieder aus, doch nur bis zur nächsten Abnahmerunde, dann fehlt wieder eine Masche im Mustersatz und es muss wie beschrieben getrickst werden.

Stulpen sind zuverlässige Kältekiller und sorgen für winterwarme Waden

Overknee-Stulpen

Größe

36–42

Schwierigkeitsgrad

◆

Vom Knöchel bis zum Knie

Warm, weich und ganz schön sexy. Die lässigen Stulpen machen Miniröcke winterfest und peppen schmale Hosen auf. Das wunderschön nuancierte Colorgarn gibt es in vielen verschiedenen Farbtönen.

Overknee-Stulpen in Pink

MATERIAL

- „Tosca" von Lang Yarns (55 % Schurwolle, 45 % Acryl, Lauflänge ca. 92 m/50 g): ca. 200 g Pink-Color 62
- Nadelspiel Nr. 5 und 6

Maschenprobe glatt rechts: 14,5 Maschen und 20 Reihen = 10 x 10 cm.

SO WIRD ES GEMACHT

Die Stulpen werden in Runden von oben nach unten gestrickt.

1. 58 Maschen mit Nadelspiel Nr. 5 anschlagen, zur Runde schließen und für den oberen Bund 5 cm im Rippenmuster (1 Masche rechts, 1 Masche links im Wechsel) stricken.

2. Mit Nadeln Nr. 6 glatt rechts (in Runden stets rechte Maschen) weiterstricken. Nun nach 38 Runden 8 x in jeder 6. Runde wie folgt abnehmen: Auf der 1. Nadel die zweite und dritte Masche rechts zusammenstricken und auf der 4. Nadel die dritt- und vorletzte Masche rechts zusammenstricken = 42 Maschen.

3. Nach 48 cm ab Bund noch 9 cm im Rippenmuster stricken, dann alle Maschen abketten, wie sie erscheinen.

4. Den unteren Bund zur Hälfte nach außen umschlagen.

Overknee-Stulpen in Blau-Violett oder in Gelb-Orange

MATERIAL

- „Tosca" von Lang (55 % Schurwolle, 45 % Acryl, Lauflänge ca. 92 m/50 g): ca. 200 g Blau-Violett-Color 54 oder Gelb-Orange-Color 59
- Nadelspiel Nr. 5 und 6

Maschenprobe glatt rechts: 14,5 Maschen und 20 Reihen = 10 x 10 cm.

SO WIRD ES GEMACHT

Wie die Overknee-Stulpen in Pink stricken. Sie können das Modell als Paar in je einer Farbe stricken, oder auch wie im Bild gezeigt, pro Stulpe eine Farbe wählen. Dann benötigen Sie pro Farbe nur 100 g Garn.

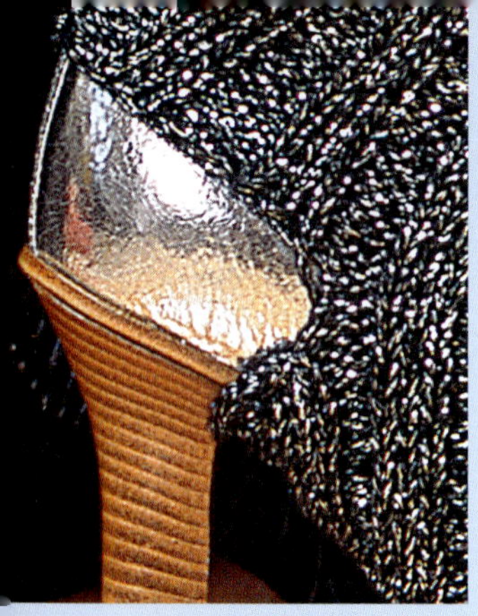

Die Stulpen werden als Schlauch in Runden gestrickt, Platz für den Absatz schafft ein Schlitz

Absatzstulpen

Größe

36–42

Schwierigkeitsgrad

◆◆◆

Glamour für High-Heels

Glanzvoller Auftritt! Die Stulpen im Rippenmuster sind speziell für hohe Absätze gedacht. Das Garn mit metallisierten Fasern schimmert und glitzert im Licht, ist aber trotzdem schön weich und angenehm zu tragen.

Absatzstulpen in Gold

MATERIAL

- „Starlight" von Schachenmayr (75 % Polyacryl, 16 % metallisierte Fasern, 9 % Polyester, Lauflänge ca. 45 m/25 g): ca. 200 g Gold 82
- Nadelspiel Nr. 3–4

Maschenprobe im Rippenmuster (leicht gedehnt gemessen): 28 Maschen und 30 Reihen = 10 x 10 cm.

SO WIRD ES GEMACHT

1. 72 Maschen anschlagen = 18 Maschen pro Nadel, der Rundenwechsel zwischen der 4. und 1. Nadel liegt vorne, also auf dem Fuß bzw. am Schienbein. Im Rippenmuster (3 Maschen rechts, 3 Maschen links im Wechsel) stricken, mit 2 Maschen rechts beginnen und mit 1 Masche rechts enden.

2. In der 4. Runde wie folgt stricken: Bei der 1. Nadel 1 Masche rechts stricken, dann 1 Masche rechts abheben, 1 Masche rechts stricken und die abgehobene Masche überziehen; bis 1 Masche vor Ende der 2. Nadel stricken (vor der mittleren Rechtsrippe), 1 Masche rechts verschränkt aus dem Querfaden herausstricken, 1 Masche rechts; von der 3. Nadel 2 Maschen stricken, dann 1 Masche rechts verschränkt aus dem Querfaden herausstricken; bis 2 Maschen vor Ende der 4. Nadel stricken, dann 2 Maschen rechts zusammenstricken. Danach 1 Runde ohne Zu- und Abnahmen arbeiten. Diese 2 Runden stets wiederholen, bei den Zunahmen jedoch immer im Wechsel je 3 Maschen rechts verschränkt, dann 3 Maschen links verschränkt aus dem Querfaden zunehmen. Die zugenommenen Maschen im Rippenmuster stricken; d. h. aus der hinteren Rechtsrippe „wachsen" neue Rippen heraus. Die Maschenzahl bleibt gleich, die Maschen verschieben sich jedoch, deshalb von Zeit zu Zeit einige Maschen der 2. und 3. Nadel entsprechend auf die 1. und 4. Nadel heben.

3. In 8 cm Höhe, in einer Runde ohne Zu- und Abnahmen für den Absatzschlitz die letzten 11 Maschen der 2. Nadel und die ersten 12 Maschen der 3. Nadel = 23 Maschen abketten. Die folgende Runde ebenfalls ohne Zu- und Abnahmen arbeiten und die 23 Maschen wieder neu anschlagen. Weiter mit Zu- und Abnahmen wie bisher stricken.

4. In 40 cm Gesamthöhe alle Maschen locker abketten.

5. Die 2. Stulpe genauso stricken.

Absatzstulpen in Schwarz-Silber

MATERIAL

- „Starlight" von Schachenmayr (75 % Polyacryl, 16 % metallisierte Fasern, 9 % Polyester, Lauflänge ca. 45 m/25 g): ca. 200 g Schwarz 84
- Nadelspiel Nr. 3–4

SO WIRD ES GEMACHT

Wie die Absatzstulpen in Gold stricken.

Socken stricken

Alle Socken in diesem Buch entstehen nach dem gleichen Prinzip. In der Größentabelle auf Seite 45 finden Sie für jede Größe und für jedes Garn die Maschen-, Runden- und Reihenzahlen. Hier zeigen wir Schritt für Schritt, wie gestrickt wird.

Kleine Sockenkunde

A = Bund oder Bündchen
B = Schaft
C = Ferse mit 1. und 2. Stufe
D = Zwickel, das ist der Übergang zwischen Ferse und Fuß
E = Fuß, wird wieder über alle 4 Nadeln gestrickt
F = Sternchenspitze
G = Fußlänge bis Spitzenbeginn
H = Gesamtfußlänge

1. Maschenzahl laut Größentabelle anschlagen und gleichmäßig auf die 4 Nadeln des Nadelspiels verteilen. Der Anfangsfaden markiert den Rundenübergang, der immer in der rückwärtigen Mitte zwischen der 1. und 4. Nadel liegt. Wie Bund und Schaft gestrickt werden, steht in der jeweiligen Anleitung.
2. Fersenbeginn: Die Maschen der 1. und 4. Nadel zusammen auf eine Nadel nehmen und in Reihen stricken. Die Maschen der 2. und 3. Nadel sind stillgelegt. Sie können die Stufenferse glatt rechts (Hinreihe rechts, Rückreihe links) stricken. Da die Ferse stark beansprucht wird, haben wir sie bei allen vorgestellten Modellen ganz oder teilweise (bis zur 2. Stufe, danach weiter glatt rechts) wie folgt verstärkt gestrickt.
1. Reihe: Im Wechsel eine Masche abheben, eine Masche stricken.
2. Reihe: Alle Maschen stricken, wie sie erscheinen.
3. Reihe: wie 1. Reihe, nur um eine Masche versetzt.
4. Reihe: wie 2. Reihe.
Die 1. bis 4. Reihe stets wiederholen.
3. Auf der Rückseite liegt dadurch der Faden jeweils doppelt hinter der Masche, das Gestrick ist somit fester, dichter und strapazierfähiger.

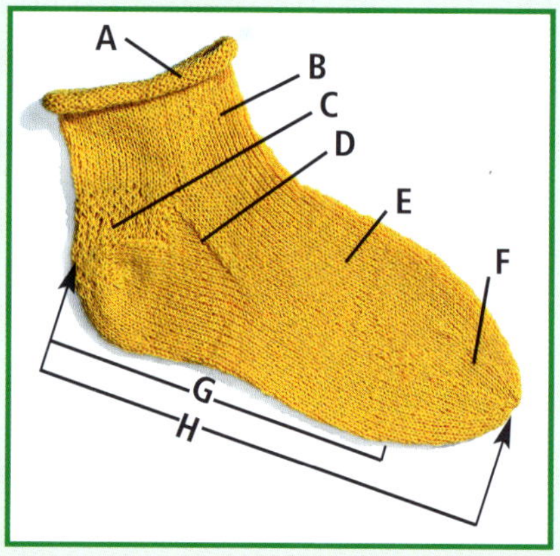

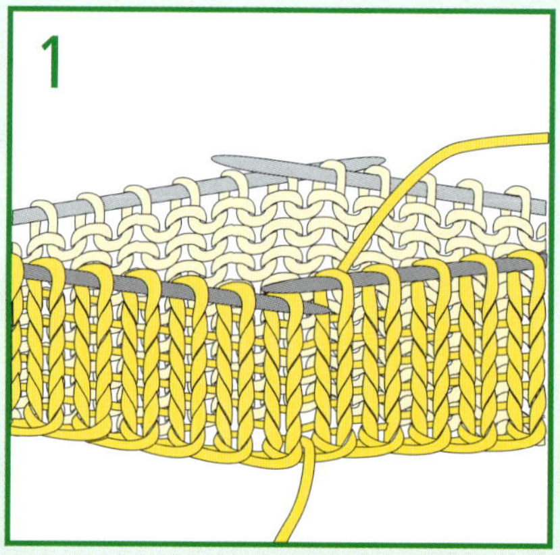

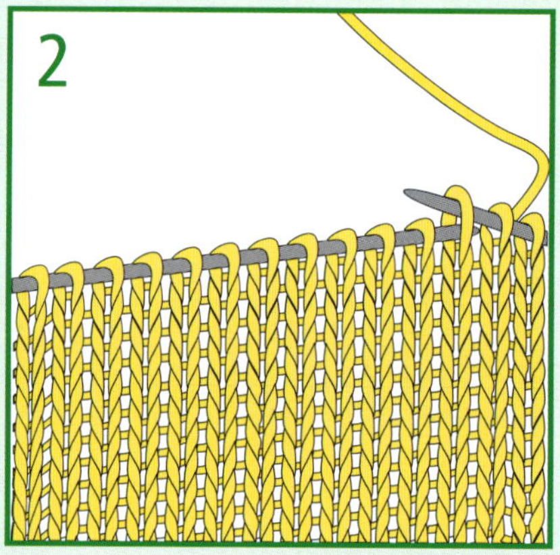

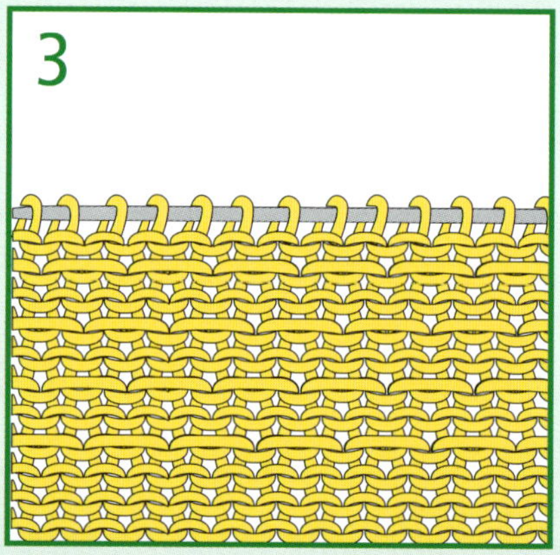

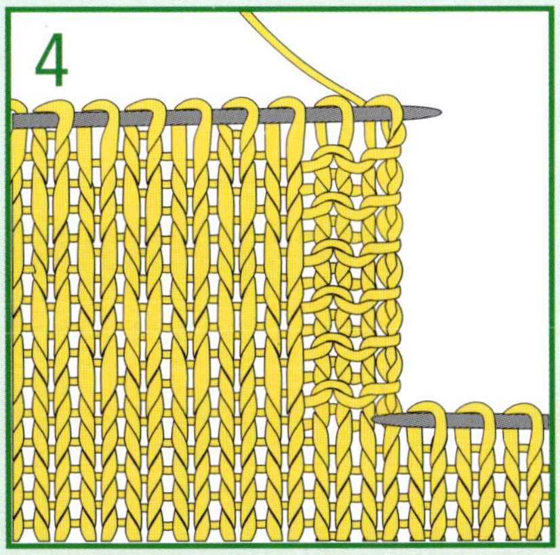

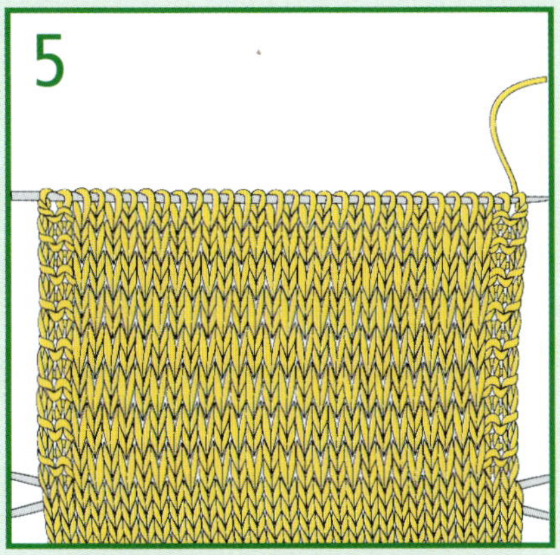

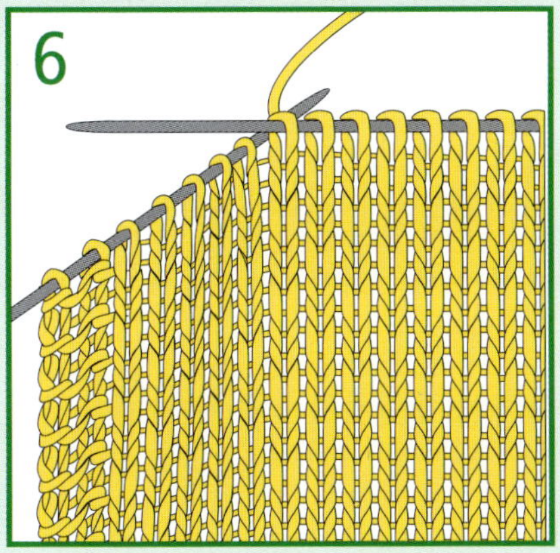

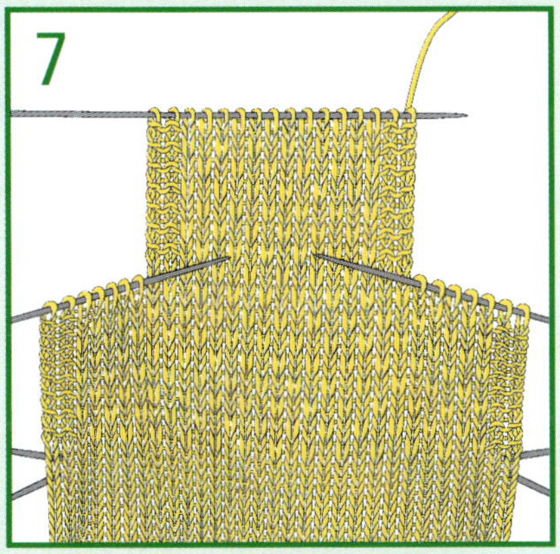

4. Gleichzeitig die beiden äußeren Maschen der Ferse kraus rechts (Hin- und Rückreihe rechte Maschen) stricken; das erleichtert das Zählen der Reihen und wirkt markanter.

5. Wie viele Reihen je Größe bis zur 1. Stufe gestrickt werden, steht in der Größentabelle. Ist diese Reihenzahl erreicht, …

6. … in der folgenden Reihe die letzten Maschen auf einer Hilfsnadel stilllegen. Wie viele Maschen für die jeweilige Größe stillzulegen sind, steht ebenfalls in der Größentabelle. In der nächsten Reihe (= Rückreihe) die gleiche Anzahl Maschen am Reihenende stilllegen.

7. Über die verbleibenden Maschen glatt rechts oder verstärkt weiterstricken. Dabei wieder die äußeren zwei Maschen beidseitig kraus rechts arbeiten. Die Anzahl der Reihen bis zur 2. Stufe steht für jede Größe in der Tabelle.

8. Am Ende der folgenden Reihe aus den Randmaschen jeder 2. Reihe Maschen aufnehmen (Anzahl aufzunehmende Maschen siehe Größentabelle).

9. Die erste Masche der Hilfsnadel rechts stricken und die vorhergehende Masche überziehen.

10. Wenden, 1. Masche abheben, die folgenden Maschen links stricken, aus den Randmaschen jeder 2. Reihe Maschen aufnehmen (Maschenzahl siehe auch Größentabelle). Dabei jeweils von hinten einstechen (siehe Bild). Die letzte aufgenommene Masche auf die Hilfsnadel heben und mit der ersten Masche der Hilfsnadel links zusammenstricken.

11. Glatt rechts oder verstärkt weiterstricken, dabei die 1. Masche abheben und die letzte Masche mit der 1. Masche der Hilfsnadel in Hinreihen überzogen zusammenstricken (= letzte Masche abheben, 1. Hilfsnadelmasche rechts stricken und die abgehobene Masche darüberziehen), in Rückreihen links zusammenstricken, bis alle Maschen der Hilfsnadeln aufgebraucht sind (Anzahl der Reihen bis Fersenende siehe auch Größentabelle). 1. Masche abheben und die Hälfte der Maschen abstricken (= Maschen der 4. Nadel): Hier endet die Stufenferse.

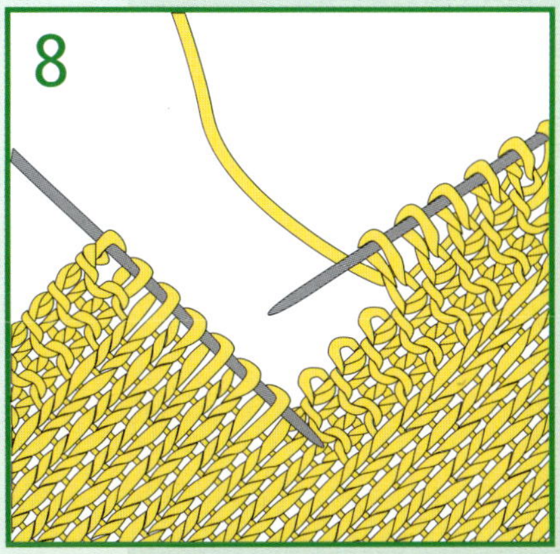

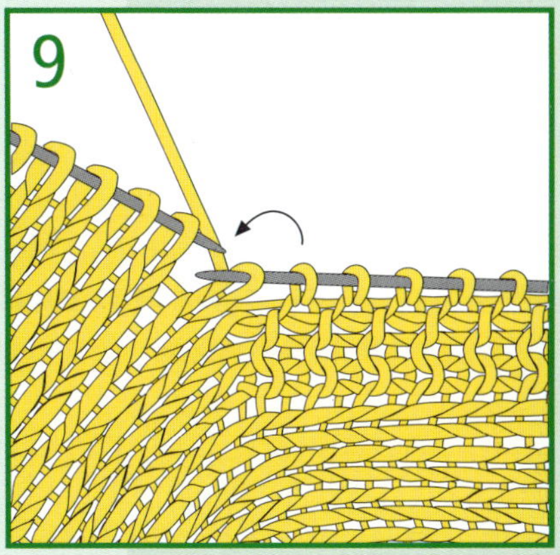

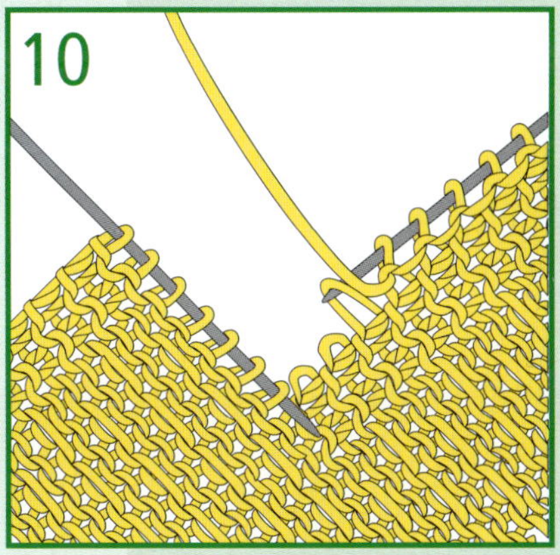

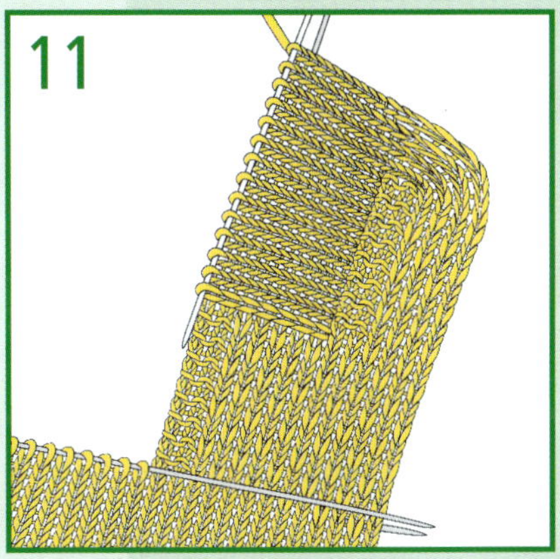

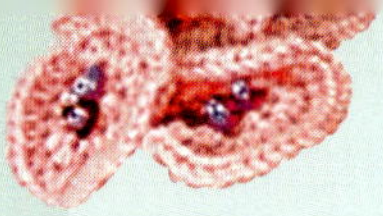

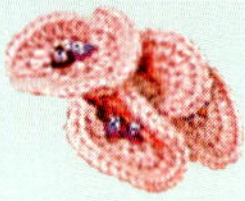

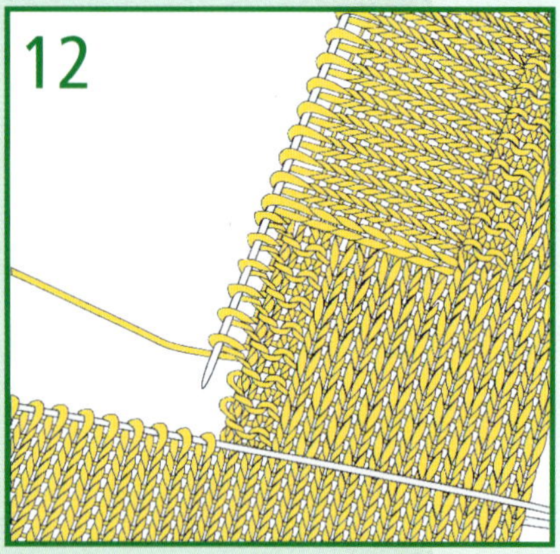

12

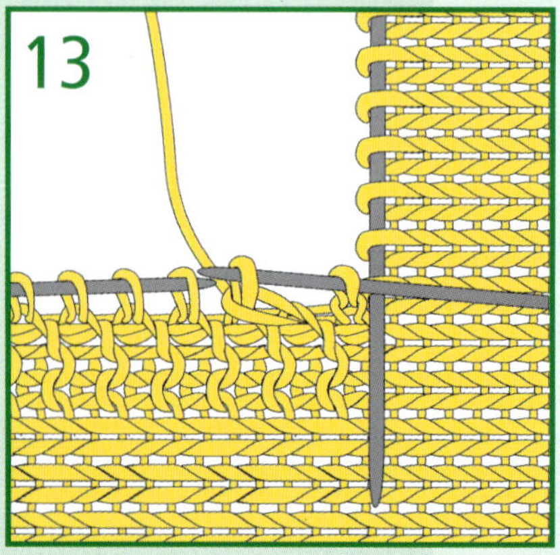

13

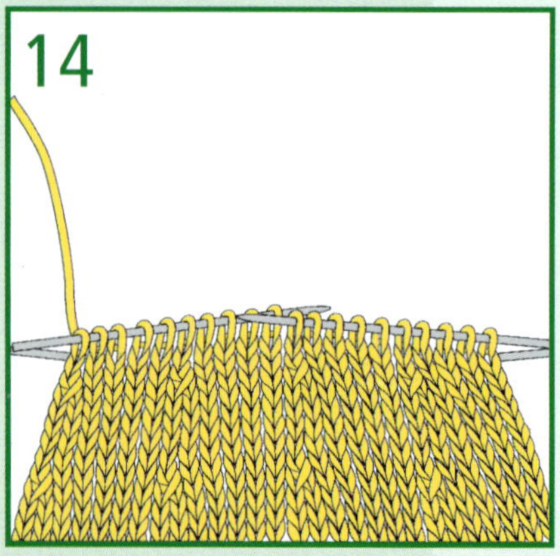

14

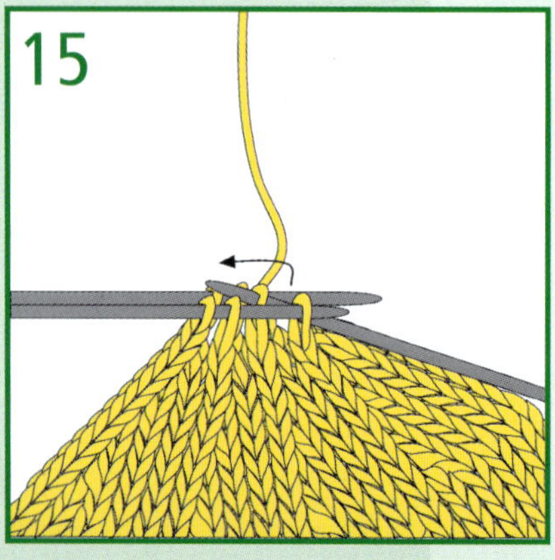

15

12. In Runden glatt rechts bzw. laut Anleitung weiterstricken. Die Maschen wie folgt auf 4 Nadeln verteilen: Die 2. Hälfte der Fersenmaschen auf die 1. Nadel nehmen, aus dem linken seitlichen Rand der 1. Stufe aus jeder 2. Reihe 1 Masche aufnehmen (= Maschenaufnahme Zwickel siehe Größentabelle). Die stillgelegten Maschen der 2. und 3. Nadel wieder mitstricken. Vor der 4. Nadel aus dem rechten seitlichen Rand der 1. Stufe aus jeder 2. Reihe eine Masche auffassen (= Maschenaufnahme Zwickel) und die 1. Hälfte der Fersenmaschen, also die 4. Nadel, abstricken.

13. Nachdem nun die Runde wieder vollständig ist, den Zwickel stricken. Für die **Zwickelabnahmen** in jeder 2. Runde auf der 1. Nadel jeweils die dritt- und zweitletzte Masche rechts zusammenstricken, auf der 4. Nadel (so wie im Bild gezeigt) die zweite Masche rechts abheben, die dritte Masche rechts stricken, dann die abgehobene Masche überziehen. Diese Abnahmen so oft wiederholen, bis auf der 1. und 4. Nadel wieder wie bei Fersenbeginn genauso viele Maschen sind, wie auf der 2. und 3. Nadel. Den Fuß wie in der Anleitung beschrieben weiterstricken. Die Fußlänge richtet sich nach der Größentabelle; gemessen wird ab der Stelle, an der die Ferse in die Sohle übergeht.

14. Die **Sternchenspitze** glatt rechts stricken. Es wird auf jeder Nadel zweimal abgenommen, einmal in der Mitte und einmal am Ende jeder Nadel. Am Anfang steht dabei immer eine Rechenaufgabe, mit der die Abnahmen berechnet werden. Ist die Maschenzahl pro Nadel **gerade**, diese durch 2 teilen. Das Ergebnis ist die **Sternchenspitze-Zahl**. Sie gibt die Anzahl der Reihen an, die bis zur ersten Abnahmerunde gestrickt werden. Außerdem bezeichnet sie die Masche die jeweils mit der Masche davor zusammengestrickt wird. Bei gerader Maschenzahl pro Nadel werden zunächst also immer einige Runden ohne Abnahmen gearbeitet. Dann folgt die **1. Abnahmerunde:** Sternchenspitze-Zahl-Masche jeweils mit der davor liegenden Masche rechts zusammenstricken. Daraus ergeben sich 2 Abnahmen pro Nadel. Die Zahl der Runden bis zur nächsten Abnahmerunde entspricht immer der Zahl der rechts gestrickten Maschen zwischen den Abnahmen.

Mit jeder Abnahmerunde rücken die Abnahmen eine Masche näher aneinander, mit jeder Abnahmerunde zieht man also eine Masche mehr von der Sternchenspitze-Zahl ab. Da sich dadurch auch die Zahl der rechts gestrickten Maschen zwischen den Abnahmen immer um 1 Masche verringert, reduziert sich die Zahl der glatt rechts gestrickten Runden bis zur nächsten Abnahmerunde entsprechend immer um 1 Runde.

Ist die Maschenzahl pro Nadel **ungerade**, werden in einer ersten Runde die letzten beiden Maschen jeder Nadel zusammengestrickt. Dadurch ist die Maschenzahl pro Nadel gerade und die Sternchenspitze-Zahl lässt sich errechnen. Jetzt kann genauso gearbeitet werden, als wenn die Maschenzahl von vornherein gerade wäre, mit einer Ausnahme: Die Zahl der Runden bis zur ersten Abnahmerunde verringert sich um 1, ist also gleich Sternchenspitze-Zahl minus 1.

15. Wenn nur noch 8 Maschen übrig sind, diese mit doppeltem Faden fest zusammenziehen oder diese 8 Maschen auf 2 Nadeln verteilen. Nadeln parallel hintereinander legen. Von der vorderen Nadel eine Masche abheben, die 1. Masche der hinteren Nadel rechts stricken, die abgehobene Masche überziehen. * Die nächste Masche der vorderen Nadel abheben, die nächste Masche der hinteren Nadel rechts stricken und die abgehobene Masche überziehen. Die 1. Masche der rechten Nadel über diese 2. Masche auf der rechten Nadel ziehen. Ab * stets wiederholen bis alle Maschen aufgebraucht sind. Den Faden nach innen ziehen und vernähen.

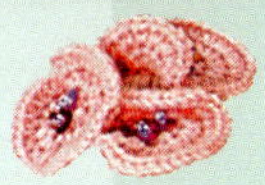

Maschenprobe

Stricken ist individuell, einer strickt lockerer, der andere fester – daher ist die Maschenprobe notwendig. Sie garantiert, dass die Socken auch passen.
Voraussetzung Nr. 1: Das Garn, das verwendet wird, sollte in etwa dieselbe Lauflänge haben wie das in der Anleitung genannte Material.
Voraussetzung Nr. 2: In jeder Anleitung wird eine Maschenprobe vorgegeben, die beim Stricken eingehalten werden muss. Dies gelingt durch die Wahl der richtigen Nadelstärke. Zunächst eine Strickprobe anfertigen, um zu prüfen, ob dieselben Maschen- und Reihenzahlen wie vorgegeben erreicht werden. Dafür ein mindestens 12 x 12 cm großes Stück glatt rechts (oder im angegebenen Muster) stricken und nachzählen: Wie viele Maschen in der Breite und wie viele Reihen in der Höhe ergeben 10 cm?

Hat die Probe mehr Maschen als angegeben eine 1/2 bis 1 Stärke dickere Nadeln nehmen. Hat die Probe weniger Maschen, dünnere Nadeln verwenden.

TIPP

Weicht die Maschenprobe mehr als 2 Maschen oder Reihen ab, kann man sich mit einem Trick behelfen. Bei weniger Maschen/Reihen einfach die Angaben für die nächste kleinere Größe nehmen. Bei mehr Maschen/Reihen entsprechend die Angaben für die nächste größere Größe einsetzen. Einzige Ausnahme: Da die Fußlänge in cm angegeben ist, hier immer das Maß für die passende Größe verwenden.

Sternchenspitze-Rechenbeispiel

Größe 38/39 = Anschlag 60 Maschen = 15 Maschen pro Nadel.
Die Maschenzahl ist ungerade, es werden also in einer ersten Runde die jeweils letzten beiden Maschen jeder Nadel zusammengestrickt = 14 Maschen pro Nadel. 14:2 = 7 = Sternchenspitze-Zahl.
Es werden also noch 6 Runden (= Sternchenspitze-Zahl minus 1) ohne Abnahmen gestrickt. Dann folgt die 1. Abnahmerunde: Jede 6. und 7. (=Sternchenspitze-Zahl-) Masche zusammenstricken. Zwischen den Abnahmen liegen 5 rechte Maschen = 5 Runden ohne Abnahmen stricken. Dann jede 5. und 6. Masche zusammenstricken, es folgen 4 Runden ohne Abnahmen. So fortfahren bis immer 2 Maschen zusammengestrickt werden und nur noch 2 Maschen pro Nadel, also insgesamt 8 Maschen, vorhanden sind.

Größentabellen

Größentabelle für 4-fädiges Garn: Maschenprobe 30 Maschen und 42 Reihen = 10 x 10 cm.

Größe	20/21	22/23	24/25	26/27	28/29	30/31	32/33	34/35	36/37	38/39	40/41	42/43	44/45	46/47
Gesamtfußlänge in cm	13,5	14,5	16	17,5	19	20	21,5	23	24,5	25,5	27	28	29	30,5
Maschenanschlag	40	44	48	48	52	52	56	56	60	60	64	64	68	72
Fersenbreite in Maschen	20	22	24	24	26	26	28	28	30	30	32	32	34	36
Reihen bis 1. Stufe	6	8	10	10	12	12	14	14	16	16	18	18	20	22
Stillgelegte Maschen beidseitig	2	3	4	4	5	5	6	6	7	7	8	8	9	10
Reihen bis 2. Stufe	4	6	8	8	10	10	12	12	16	16	18	18	20	22
Maschenaufnahme beidseitig	2	3	4	4	5	5	6	6	8	8	9	9	10	11
Anzahl Reihen bis Fersenende	4	6	8	8	10	10	12	12	14	14	16	16	18	20
Maschenaufnahme Zwickel beidseitig	3	4	5	5	6	6	7	7	8	8	9	9	10	11
Fußlänge bis Spitzenbeginn in cm	9	10	11	12,5	14	15	16	17,5	18,5	19,5	20,5	21,5	22	23
Sternchenspitze-Zahl	5	5	6	6	6	6	7	7	7	7	8	8	8	9

Größentabelle für 6-fädiges Garn: Maschenprobe 22 Maschen und 30 Reihen = 10 x 10 cm.

Größe	20/21	22/23	24/25	26/27	28/29	30/31	32/33	34/35	36/37	38/39	40/41	42/43	44/45	46/47
Gesamtfußlänge in cm	13,5	14,5	16	17,5	19	20	21,5	23	24,5	25,5	27	28	29	30,5
Maschenanschlag	32	32	36	36	40	40	44	44	48	48	52	52	56	56
Fersenbreite in Maschen	16	16	18	18	20	20	22	22	24	24	26	26	28	28
Reihen bis 1. Stufe	4	6	8	8	8	10	10	10	12	12	14	14	16	16
Stillgelegte Maschen beidseitig	2	2	3	3	4	4	5	5	5	5	6	6	7	7
Reihen bis 2. Stufe	4	4	6	6	8	8	10	10	10	10	12	12	14	14
Maschenaufnahme beidseitig	2	2	3	3	4	4	5	5	5	5	6	6	7	7
Anzahl Reihen bis Fersenende	4	4	6	6	8	8	10	10	10	10	12	12	14	14
Maschenaufnahme Zwickel beidseitig	2	3	4	4	4	5	5	5	6	6	7	7	8	8
Fußlänge bis Spitzenbeginn in cm	9	10	11	12,5	14	15	16	17,5	18,5	19,5	20,5	21,5	22	23
Sternchenspitze-Zahl	4	4	4	4	5	5	5	5	6	6	6	6	7	7

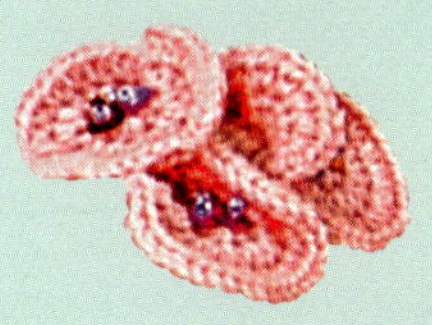

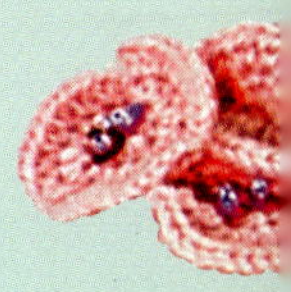

Impressum

Konzept und Anleitungen:
Janne Graf
Idee und Ausarbeitung Stufenferse:
Kristin Benecken
Grundkurszeichnungen:
Sabine Schidelko: Seite 42–44;
Brigitte Fischer: Seite 28
Lektorat:
Maria Böhly-Maier
Redaktion:
Janne Graf, Anke Sturm
Fotos:
Axel Kohlhaas: Seite 4;
Hermann Mareth: Seite 6, 8/9, 13, 15, 20/21, 30/31, 36/37, 42;
Peter Münnich: Cover, 7, 10/11, 12, 16/17, 18/19, 22–29, 32–35, 38–41
Styling:
Dagmar Dobrofsky: 10/11, 16–19, 22–29, 34/35, 38–41;
Elke Reith: Seite 6, 8/9, 13, 14/15, 20/21, 30/31, 36/37, 42
Entwürfe:
Kristin Benecken: Seite 12/13, 18/19;
Inge Glaser-Engelmeier: Seite 20/21, 28/29;
Janne Graf: Seite 6/7, 8/9, 10/11, 14/15, 16/17, 26/27;
Simone Nägeli: Seite 36/37;
Dorothea Neumann: Seite 40/41;
Schachenmayr: Seite 22–25;
Maren Vorwerk: 30–33
Modellanfertigungen:
Kristin Benecken: Seite 12/13, 18/19;
Sabine Damerau: Seite 24/25;
Inge Glaser Engelmeier: Seite 20/21, 28/29;
Janne Graf: Seite 16/17, 26/27;
Lindner Handarbeiten & mehr: Seite 6/7, 8/9;
Simone Nägeli: Seite 36/37;
Manuela Pohl: Seite 22/23;
Doris Schäfer: Seite 40/41;
Maren Vorwerk: 30–33;
Barbara Wenzlaff: Seite 34/35;
Monika Wilhelm: Seite 10/11
Strick-/Häkelschriften, Zählmuster:
Sabine Schidelko
Umschlaggestaltung:
Christiane Kölble
Layout:
Dieter Richert, Freiburg/Köln
Reproduktion:
Baun PrePress, Fellbach
Druck und Bindung:
Printer Portuguesa, Mem Martins, Portugal

ISBN 3-89858-810-6
ISBN 978-3-89858-810-2
(gültig ab 1.1.2007)

© 2006 in der OZ-Verlags-GmbH, Rheinfelden.
Buchverlag OZ creativ, Freiburg i. Br.
Alle Rechte vorbehalten.

Bezugsquellen-verzeichnis

Garne und Zubehör:
Fischer Wollversand,
Babenhausen
www.fischer-wolle.de
Jim Knopf
Knopfhandel + Design,
Offenbach/Main
(Multicolor-Borte, Samtband: Seite 20)
Junghans-Wolle,
Aachen
www.junghanswolle.de
KnorrPrandell GmbH,
Lichtenfels
www.bastelideen.com
(Ösen, Werkzeugset, Lederriemen, Veloursband: Seite 12;
Pailletten, Rocailles: Seite 18;
Muscheln, Perlen, Glöckchen: Seite 26;
über den Hobby- und Bastelfachhandel)
Lana Grossa GmbH,
Gaimersheim
www.lanagrossa.de
Lang Garn & Wolle GmbH,
Korschenbroich
www.langyarns.ch
für die Schweiz:
LANG & CIE
CH-6260 Reiden
für Österreich:
ELISA Grosshandels GmbH
A-3380 Pöchlarn
Mono-Quick, Jörn Rauser GmbH,
Kahl/Main
www.mono-quick.de
(Applikationen und Strasssteine: Seite 6)
ONline,
Klaus Koch GmbH & Co. KG,
Stadtallendorf
www.online-garne.de
Prym Consumer GmbH & Co. KG,
Stolberg, www.prym-consumer.com
(Broschen: Seite 26)
Schachenmayr
Coats GmbH, Salach
www.coatsgmbh.de
für die Schweiz:
Coats Stroppel AG
CH-5300 Turgi
für Österreich:
Coats Harlander Ges.m.b.H.
A-1211 Wien 12
Schoeller + Stahl
Schoeller Süssen GmbH,
Süssen
www.schoeller-und-stahl.de
für Österreich:
Messerle & Rein
Textil-Großhandel
A-6923 Lauterbach b. Bregenz

Accessoires:
Ikea Einrichtungshaus-GmbH
www.ikea.de
(Decke: Seite 21)

Die Verwertung der Texte und Bilder, auch auszugsweise, ist ohne Zustimmung des Verlags urheberrechtswidrig und strafbar. Dies gilt auch für Vervielfältigungen, Übersetzung, Mikroverfilmung und für die Verbreitung mit elektronischen Systemen.

Jede gewerbliche Nutzung der Arbeiten und Entwürfe ist nur mit Genehmigung von Verfasserin und Verlag gestattet. Bei der Anwendung im Unterricht und in Kursen ist auf dieses Buch hinzuweisen. Der Verlag hat größtmögliche Sorgfalt walten lassen, um sicherzustellen, dass alle Angaben und Anleitungen korrekt sind, kann jedoch im Falle unrichtiger Angaben keinerlei Haftung für eventuelle Folgen, direkte oder indirekte übernehmen. Farbe und Helligkeit der hier gezeigten Garne und Modelle können von den jeweiligen Originalmaterialien abweichen. Die bildliche Darstellung ist nicht verbindlich. Der Verlag übernimmt keine Gewähr und Haftung.

Die gezeigten Garne und Materialien sind zeitlich unverbindlich. Der Verlag übernimmt für Verfügbarkeit und Lieferbarkeit keine Gewähr und keine Haftung.